Useful book of fruits
からだにおいしい
フルーツの便利帳

三輪 正幸 監修

高橋書店

はじめに

我々が口にするものは、日々進化しています。

これは加工食品にかぎった話ではありません。食卓をあざやかに彩るフルーツや野菜も、品種改良や栽培の工夫が重ねられ、つねに変化しているのです。

なかでもフルーツは、日本人の嗜好を色濃く反映したものがたくさん生まれています。たとえば好きなフルーツの上位に必ず入るいちごは、昔はいちごミルクにしたり練乳をかけたりして、甘酸っぱい果肉を楽しむものでした。しかし近年は、そのころの2倍の糖度を誇るものすらあり、そのまま食べてもとても甘い品種が増えました。逆に海外では昔ながらの酸味の強い品種が多く、食べ方も今の日本と違い、砂糖を加えるなどして調理するのが一般的。日本で生のフルーツを食べた外国人の多くが、その甘さに感動するという話も納得できるほどの進化を遂げたのです。

もちろん糖度以外にも、ビタミンやポリフェノールなどを多く含ませたり大きく色あざやかにしたりする研究や、日持ちしたくさん収穫できるようにするための改良も重ねられています。また真冬のすいかや真夏のいちごなど、旬でなくても手に入るようにする栽培上の工夫も施されています。

流通においても、鮮度を保つための技術革新によって、よりおいしいものを口にできる機会が増えました。国産品種がこうした変化を遂げた一方で、海外からは見慣れないフルーツが輸入され続けています。こうした多様性は、私たちに選択肢をもたらしてくれました。

本書は、さまざまな特長や歴史を持つ国内外のフルーツとその品種を多数掲載し、新たな楽しみ方を提案しています。みなさまの食生活を豊かにし、フルーツのある暮らしをもっと気軽に楽しむための一助となれば幸いです。

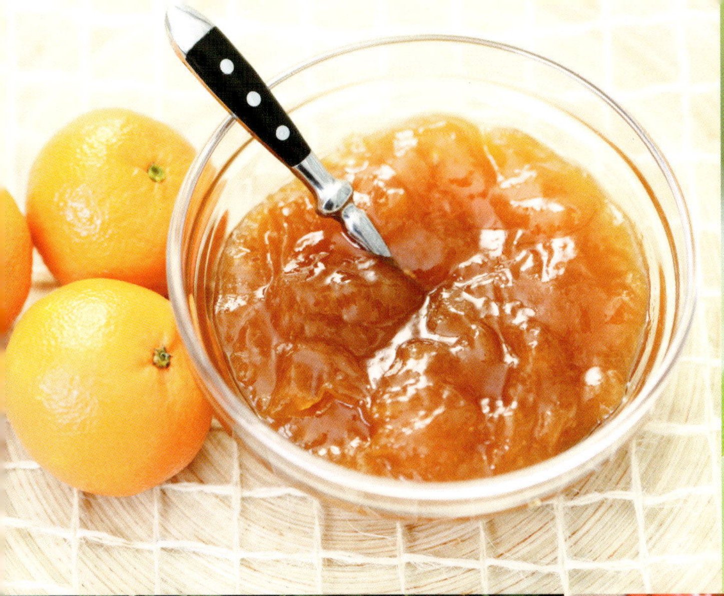
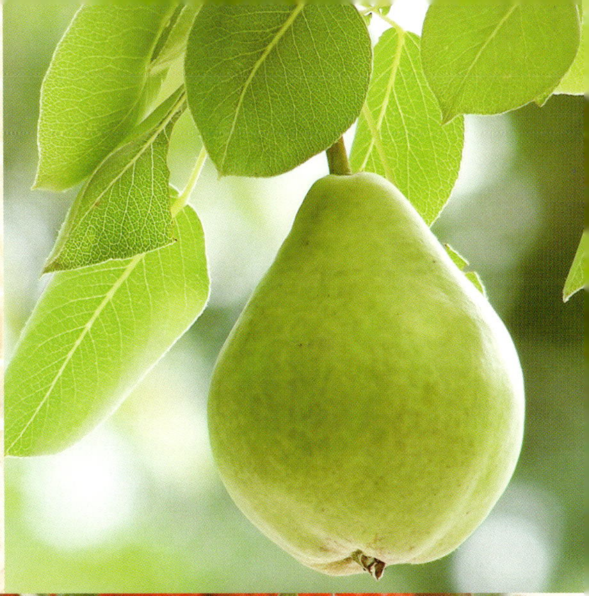
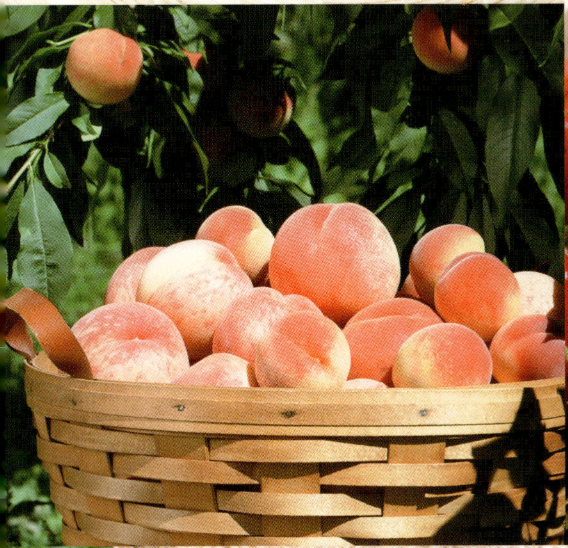
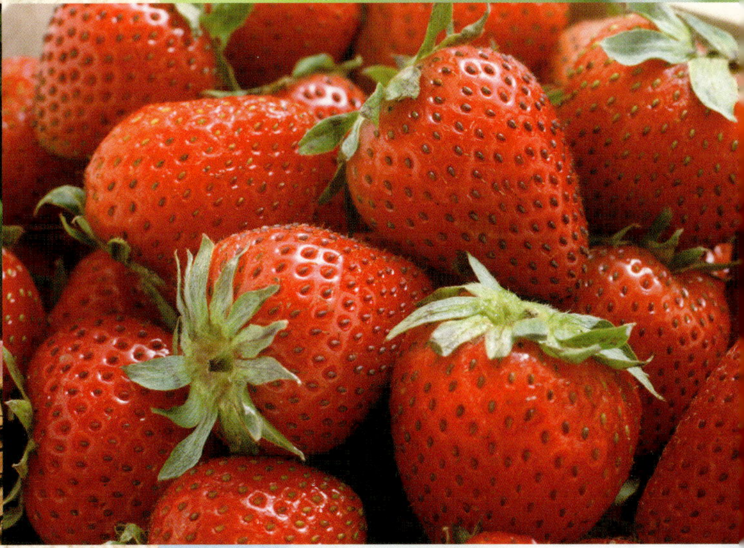
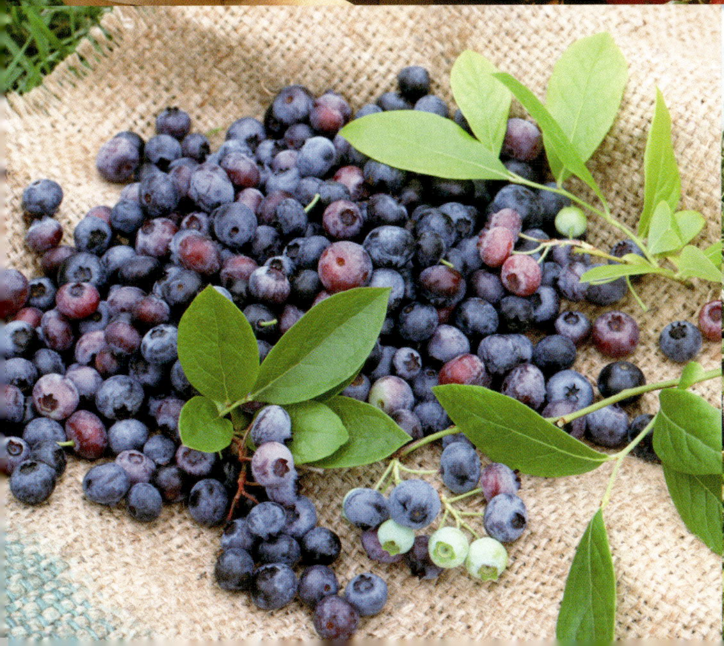
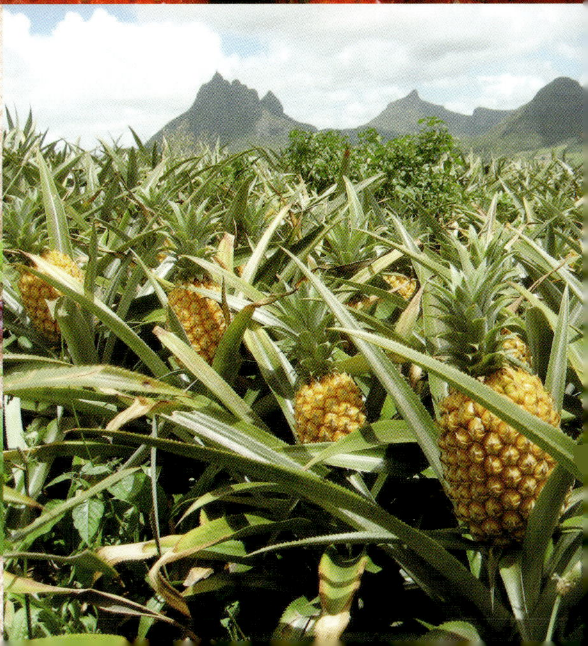

はじめに
本書の使い方 …8

仁果 *kernel fruits*

りんご …10
日本なし …19
西洋なし …23
かりん／マルメロ …27
びわ …28
西洋かりん／ローズヒップ …29
コラム フルーツの甘み …30

柑橘 *citrus fruits*

みかん …32
きんかん類 …33
オレンジ …36
グレープフルーツ …38
文旦類 …41
タンゴール類 …42
タンゼロ類 …45
雑柑 …44
レモン …46
香酸柑橘 …49
シトロン類 …50
コラム 日本における柑橘類の歴史 …52

核果 stone fruits

- もも……54
- あんず……58
- すもも……61
- うめ……62
- さくらんぼ……67
- コラム 江戸時代の梅干し……70

果菜 fruit vegetables

- いちご……72
- すいか……78
- メロン……81
- コラム メロンの進化……86

堅果 nuts

- くり……88
- ナッツ類……90
- 堅果一覧……92

その他 other fruits

- ぶどう……94
- ブルーベリー……101
- ラズベリー……103
- ブラックベリー／クランベリー……104
- かき……106
- キウイフルーツ……112
- いちじく……114

カラント … 117
オリーブ … 118
あけび … 120
ざくろ … 121
ハスカップ／なつめ … 122
マルベリー／りゅうがん … 123
グミ／コーネリアンチェリー … 124
くこ／やまもも … 125
コラム　ワインの味は品種で決まる … 126

熱帯果物
tropical fruits

パイナップル … 128
マンゴー … 130
パパイヤ … 133
バナナ … 134
ピタヤ … 139
アボカド … 140
ライチ … 143
ホワイトサポテ／ババコ … 144
ノニ／ランブータン … 145
キワノ／スターフルーツ … 146
ココヤシ／びわもどき … 147

カクタスペア／グァバ …148

パッションフルーツ／ドリアン …149

マンゴスチン／ポポー …150

チェリモヤ／アテモヤ …151

フェイジョア／ジャックフルーツ …152

ピタンガ／グラナディージャ …153

ペピーノ／カニステル …154

タマリンド／タマリロ …155

アセロラ／パンノキ …156

サポジラ／サラカヤシ …157

ミラクルフルーツ／ビリンビン …158

レンブ／サントール …159

スタッフ

アートディレクション／石倉ヒロユキ

企画・制作／regia

写真／石倉ヒロユキ

執筆／石倉ヒロユキ

料理制作／富田純子

料理協力／岩﨑由美、山下智子

協力

シャンテクレール

北形青果株式会社

参考文献

『旬の食材 四季の果物』講談社

『食卓をもっとおしゃれに！ フルーツカッティング』講談社

『おいしい食材の見分け方と保存のコツ』PHP研究所

『はじめての梅干し＆梅レシピ』主婦と生活社

『地域食材大百科 第3巻 果実・木の実、ハーブ』農山漁村文化協会

『熱帯くだもの図鑑』海洋博覧会記念公園管理財団

『食品成分表 改訂最新版』女子栄養大学出版部

『原色果実図鑑』保育社

『日本植物方言集成』八坂書房

『日本方言大辞典 上下』小学館

『おいしく健康をつくる あたらしい栄養学』高橋書店

参考ホームページ

食品成分データベース（文部科学省）
https://fooddb.mext.go.jp/

農林水産省統計情報
http://www.maff.go.jp/j/tokei

果物ナビ
https://www.kudamononavi.com/

本書の使い方

栽培分布図・おいしいカレンダー
産量の多い地域を地図に、旬をカレンダーに、それぞれまとめました。

食べごろサイン
フルーツは入手後、新鮮なうちに食べたほうがよいもの、熟してから食べたほうがよいものがあります。それぞれ異なる「食べごろ」を表記しています。

甘さの順番
日光のよく当たっていた部分や、先に熟していく部分など、ひとつのフルーツのなかでも甘さに違いがあります。それを甘い順に数字で記しました。

食品成分表
可食部分100gあたりのエネルギー量と、おもな栄養成分を「日本食品標準成分表2020年版（八訂）」に基づいてまとめてあります。

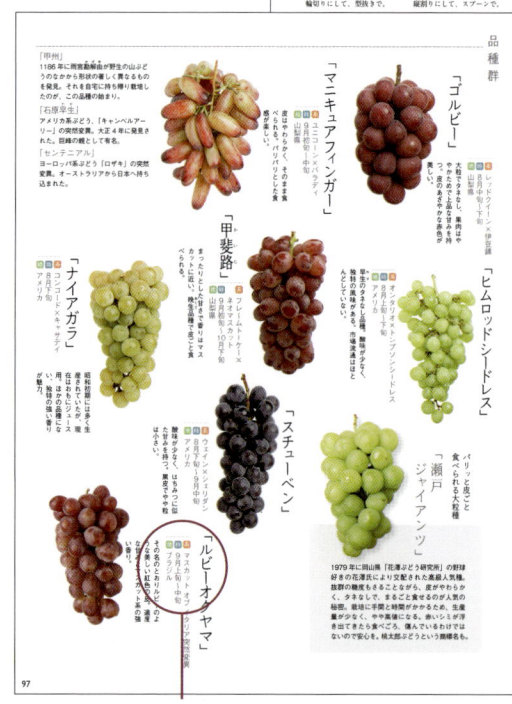

品種名
正式な品種名には「」をつけて表記してあります。ついていないものは、大別、商標、商品名などです。

系 その品種の交配親や、誕生した経緯
時 おいしい時期
地 原産地

レシピ
フルーツの魅力を引き出すレシピを紹介しています。基本は2〜4人分ですが、素材によっては作りやすい分量としています。電子レンジの加熱時間は600Wを基準にしました。

仁果

[kernel fruits]

花のつけ根にある、花托（かたく）という部分が肥大したものを食べるフルーツです。中心付近にある芯にタネができます。

仁果

りんご
apple

林檎

Data
学名：*Malus pumila*
分類：バラ科リンゴ属
原産地：コーカサス地方北部
仏名：pomme
独名：Apfel

地方名：びんごなし
（石川・福井・島根県一部）
りんき（北海道・
秋田・新潟県一部）

保存法
ビニール袋に入れて密封し冷蔵庫の野菜室に。エチレンガスの発生が活発になってしまうので、決して逆さにして置かないこと。箱に大量に入ったりんごは、一度取り出し、りんごと新聞紙を交互に重ねて入れ直し冷暗所に。

下準備
皮ごと食べる場合は、スポンジでしっかり水洗いを。

食品成分表（生・可食部100gあたり）
エネルギー……………56kcal
水分……………………83.1g
たんぱく質……………0.2g
脂質……………………0.3g
炭水化物………………16.2g
無機質　カリウム……120mg
　　　　銅……………0.05mg
ビタミン　C…………6mg
食物繊維総量…………1.9g

栄養成分の豊富な マルチフルーツ

起源はおよそ4000年前。人類が食した最古のフルーツといわれています。

欧米では、昔から「1日1個のりんごは医者を遠ざける」のことわざがあるほど栄養価が高く、体内の塩分を排出するカリウムや食物繊維、有機酸やビタミンC、ミネラル類が多く含まれています。

高血圧予防、血中コレステロールの降下、便秘解消、疲労回復、虫歯予防と多くの効能が知られ、ポリフェノールなどによる抗酸化作用や脂肪低減作用、老化防止効果も期待されています。

おいしいカレンダー
9　10　11　12　1　2
青森、長野、岩手
◆おいしい時期

生産地
青森、長野、岩手

タネのまわりとお尻の部分がいちばん甘いので、縦割りにすると均一な甘さで食べられる。

完熟すると表面を保護するためのろう物質を分泌する品種も。農薬や人工的な油ではない

上から見てきれいな円形で、軸が中心にある

食べごろ
赤い品種は全体の赤みが強くお尻の部分が黄色くなったら。青い品種は全体が黄緑がかったら。0℃前後での保存がおいしい適温

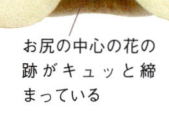

「シナノスイート」
地・時・系
ふじ×つがる
10月上旬～下旬
長野県

近年の長野県を代表する品種。バランスのよい交配による、ジューシーで濃厚な甘みが特徴。

お尻の中心の花の跡がキュッと締まっている

りんごと小松菜のジュース
野菜ジュースを飲みやすく

材料（1人分）
りんご…1/2個（皮をむき、ひと口大に切る）
小松菜…60g（熱湯でサッとゆで、冷水にとり、5cm長さに切る）
はちみつ…小さじ2
水…1/2カップ

作り方
すべての材料をミキサーにかけ、氷適量（分量外）を入れたグラスに注ぐ。

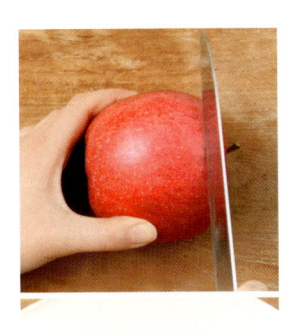

一年中食べられる秘密は貯蔵法にあり

おいしいりんごを通年食べられるのは、長期保存しても品質や風味が変化しないCA貯蔵法のおかげです。

CAとはControlled Atmosphereの頭文字で、収穫後の果実の呼吸を抑えるために空気中の酸素、二酸化炭素、窒素を調整して鮮度を保つ技術。日本ではりんごの長期貯蔵に広く利用されています。

おいしいコツ1
わずか10秒。皮までおいしく

よく洗ったりんごを好みの厚さに輪切りにするだけ。この切り方だと皮の食感も気にならない。しかも捨てる部分も最小限に。

おいしいコツ2
変色したりんごは元通りにできる？

皮をむいて変色してしまったりんごは、果汁100％のオレンジジュースに約10分間ひたしておくときれいな色に戻る。これは酸化することで茶色くなった部分を、ビタミンCが還元してくれるからだとか。

アルミ鍋の黒ずみ落としに

鍋に皮や芯、黒ずんでいる位置までの水を入れて沸騰させ、15分煮て冷ますとこすり落とせる。米のとぎ汁かくず野菜を煮立たせ、よく乾かしてから使用を。

葉取らずりんごって？

通常は、秋を迎え赤くなるころに、果実全体に日光が当たるよう周囲の葉を摘む"葉摘み"が行われる。一方、葉を取らず、自然の状態で熟させたものを"葉取らずりんご"と呼ぶ。表面に葉の影や色のムラが残るので見劣りはするが、葉が作り出す養分を充分に蓄え、芳醇な甘さが残るといわれている。

歴史 日本には鎌倉中期に渡来した記録があるが、果実は小さく苦みがあったそうだ。今日のような果実の大きなりんごが栽培され始めたのは、明治初期。アメリカから75品種の苗木を輸入し、その後品種改良が重ねられ、世界で「味の芸術品」と呼ばれるほどになった。

りんごのおいしい活用術

りんご酢

ピクルスやドレッシングに便利。たくさん手に入り、食べきれないときなどに作っておきたい。

材料
りんご（紅玉など）…4個
米酢…1.5ℓ
黒糖（粉状）…200g

作り方
よく洗って芯を取り除き、皮つきのまま5cm角に切ったりんごを、清潔なびんに米酢、黒糖とともに漬けておく。約3か月ほどで使えるようになる。
酢、糖類はほかの種類のものでもおいしく作れるので、好みの組み合わせを試してみては。

まるごとアップルティー

食べごろをすぎたりんごの利用法におすすめ。ぜいたくな風味を楽しめる。

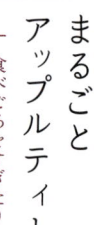

材料
りんご…1/2個
茶葉（アッサムやアールグレイ）…ティースプーン2杯分

作り方
1. 小鍋に水350mℓ、1cm厚さのいちょう切りにしたりんごを入れ10分ほど中火で煮る。
2. 温めた広口のティーポットに熱々の1を移し、ティーバッグに入れた茶葉を加えて3～5分蒸らすと、紅茶に甘みと風味が広がる。やわらかくなったりんごもいただこう。残ったりんごは、2、3度は繰り返し利用できる。

酵素エキス

乳酸菌たっぷりで腸内環境をととのえてくれる。水で割ったりヨーグルトにまぜたりして利用。

作り方
1. りんご（2個）は洗わず皮ごとすりおろす。
2. 煮沸消毒した密閉できるびんに、1と水（1/2カップ）、はちみつ大さじ1を入れ、フタをしめる。
3. 常温に置いて、1日1回びんをゆすり、全体にブクブク泡がまわるまで1週間程度、発酵させる（期間は気温による）。
4. 3をガーゼでこして発酵液を取り出す。冷蔵庫で1週間程度保存可能。

皮の入浴剤

天日干しした皮をホウロウまたはステンレスの鍋で煮立たせ、ネットに入れて浴槽へ。自然なりんごの香りでリラックスできる。

加工食品

低温乾燥
低温でじっくり時間をかけて乾燥させたもの。もちもちの食感で歯ごたえがある。

乾燥（ソフトタイプ）
シロップ漬けにして乾燥させたもの。お菓子作りなどに使える。

フリーズドライ
生のりんごを急速冷凍し、乾燥させたもの。この製法ならではの独特な食感。水でふやかせば離乳食になる。

品種群

「ふじ」
系：国光×デリシャス
時：10月下旬～翌1月初旬
地：青森県

国内生産量1位の人気品種。果汁豊富でシャキッとした歯ごたえ。酸味と甘みのバランスがよい。

「国光」
明治時代初期に、アメリカから導入された。現在の日本のりんごの交配親として重要な品種。

「デリシャス」
アイオワ州原産、大正2年（1913）に日本に導入された。豊産で甘みが強い。

「あかね」
1939年に交配、1970年に品種登録された。やや淡白で酸味を感じる。

「シナノドルチェ」
系：ゴールデンデリシャス×千秋
時：9月中旬～下旬
地：長野県

りんご本来のさわやかな酸味と歯ごたえを味わえる。流通はまだまだ少ない。

「シナノピッコロ」
系：ゴールデンデリシャス×あかね
時：9月中旬～下旬
地：長野県

小玉で丸かじりに適する。きめの細かいなめらかな果肉、ほどよい酸味と甘みを持つ。

「秋陽」
系：陽光×千秋
時：9月下旬～10月上旬
地：山形県

平成18年に誕生した山形県のオリジナル品種。甘酸っぱいが、濃厚な味わい。歯ごたえが抜群。

「グラニースミス」
スミスおばあさんの青りんご

オーストラリアに住むスミスおばあさんが、腐りかけたりんごを近所の土手に捨てたところ、タネが芽を出し、果実をつける立派な木に成長。甘酸っぱく、さわやかな芳香を放つりんごは評判を呼び、おばあさんの名から「グラニースミス」と命名された。200年以上たった今でも、青りんごの代表種として世界中で親しまれている。

「秋映」
系：千秋×つがる
時：9月初旬～10月下旬
地：長野県

果汁がきわめて多く、甘みも強い。完熟したものは皮が暗紅色になる。

りんごのお酒「シードル」

シードルとはりんご果汁を自然発酵させて造る微発泡性のお酒。古くからぶどうの育たないフランスのノルマンディー地方やブルターニュ地方ではワインのようにシードルが親しまれており、その歴史は紀元前1世紀にまでさかのぼるという。甘酸っぱさと、さわやかな微炭酸はブルターニュの郷土料理ガレットにもぴったり。

レシピ

ダイエット効果

低カロリーで腹持ちがよく、食物繊維に含まれるペクチンが腸内をきれいにしてくれるため、ダイエットフルーツとしても人気。食物繊維は皮に多く含まれているので、皮ごと食べるとよい。

焼きりんご
酸味の強いりんごが極上のデザートに

材料（2人分）
- りんご（あれば紅玉）…1個
  （縦半分に切り、芯をスプーンで丸くくりぬく）
- レモン汁…小さじ1
- A
  - グラニュー糖…大さじ2
  - シナモンパウダー…適量
- レーズン…20g
- バター（食塩不使用）…20g

作り方
1. りんごはレモン汁をふりかけておく。
2. Aをまぜ合わせ、シナモンシュガーを作る。
3. 1をアルミホイルの上にのせ、くりぬいた部分にレーズンとバターを詰め、2のシナモンシュガーをふる。
4. アルミホイルをしっかり閉じ、180℃に予熱したオーブンで約30分焼いたら、アルミホイルを開いて約5分焼き、器に盛る。

便秘には睡眠前のすりおろしりんご

皮ごとすりおろしたりんごを睡眠前に食べると、食物繊維のペクチンで腸が活発に働き、翌朝にはすっきり便秘解消！

りんごブラウニー
焼きあがりのしっとり感がたまらない

材料（約20cm長さのパウンド型1台分）
- りんご…1/2個
  （皮をむき、8等分のくし形切りにし、5mm厚さに切る）
- A
  - グラニュー糖…15g
  - レモン汁…大さじ1
- ラム酒…大さじ1
- B
  - ビターチョコレート…100g
  - バター（食塩不使用）…50g
- C
  - 卵…1個
  - グラニュー糖…30g
- D
  - 薄力粉…25g
  - ベーキングパウダー…小さじ1/2
  （合わせてふるう）

作り方
1. りんごとAをまぜ合わせて約10分おく。
2. 鍋に1を入れ、水気がなくなるまでまぜながら火にかけ、ラム酒を加え、皿に広げて冷ましておく。
3. ボウルにBを入れ、湯煎にかけて溶かし、ゴムベラでゆっくりまぜながら、なめらかな状態にする。
4. 別のボウルにCを入れて泡立て器でよくまぜ、3を一度に加えて手早くまぜ、Dを加えて粉気がなくなるまでまぜる。さらに2を加えてゴムベラでさっくりとまぜる。
5. パウンド型にクッキングペーパーを敷き、4を流し入れ、170℃に予熱したオーブンで約30分焼く。

品種群

「アルプス乙女」
屋台のりんご飴

「ふじ」と「内山紅玉」の混合園から偶然生まれた極小品種。小さいながら、甘みと酸味が詰まっている。

「あいかの香り」
系：ふじ×不明
時：11月上旬
地：長野県

さわやかな香りと、サクサクした歯ごたえが特徴。日持ちも良好。酸味が少ないので、酸っぱいのが苦手な人向き。

「陽光」
系：ゴールデンデリシャス×不明
時：9月下旬〜11月初旬
地：群馬県

肉質はやや粗めだが、甘みと酸味の調和がとれた味。熟度が進むにつれ、皮は光沢のある鮮紅色に。

「ゴールデンデリシャス」
大正12年にアメリカから導入。皮は鮮黄色で美しい。

「リチャードデリシャス」
アメリカで「デリシャス」の突然変異として発見された。昭和7年に日本に導入。

「東光」
昭和5年に「ゴールデンデリシャス」と「印度」の交配により誕生。果肉は緻密で多汁。

「金星」(きんせい)
系：ゴールデンデリシャス×国光
時：11月中旬〜12月下旬
地：青森県

果肉は適度なかたさがあり甘みも強い。貯蔵性が高いため、翌夏まで貯蔵・出荷できる。

「北紅」(きたくれない)
系：リチャードデリシャス×つがる
時：10月上旬〜10月中旬
地：青森県

とても濃い色の皮が特徴。甘みが強いが、適度な酸味を含むため後味はさっぱり。正式な品種名は「あおり13」。

「さんさ」
系：ガラ×あかね
時：8月中旬〜9月下旬
地：岩手県

日本の品種「あかね」をニュージーランドに送り、育成された品種。小ぶりで皮が薄いため、丸かじりしやすい。

「ぐんま名月」
系：あかぎ×ふじ
時：11月上旬〜12月上旬
地：群馬県

ふっくらとした形で、黄色い皮には赤みが入る。パリッとした歯ごたえが魅力。

「印度」
懐かしき甘いりんごのパイオニア

酸味が強い品種ばかりだったりんごのなかで、「印度」の甘さは画期的だった。贈答用の高級品として人気を博し、庶民のあこがれの存在となるが、1960年半ばに出現した、甘くて果汁も豊富な「ふじ」などにその座を譲る。しかしやさしい甘さにファンは多く、ごくわずかだが現在も栽培されている。ちなみに本種は、インド産ではなく日本で生まれた品種。

「トキ」
系：王林×紅月
時：10月上旬〜中旬
地：青森県

皮はやわらかな黄色。酸味がひかえめで、さわやかな甘さ。新しい品種のため流通量は少ない。

レシピ

りんごと豚肉のソテー
りんごの風味が絶妙なお手軽フレンチ

材料（2人分）
- りんご…1/2個（皮をむき、8等分のくし形切りにし、5mm厚さに切る）
- A｜バター…大さじ1
- A｜レモン汁…小さじ2
- 豚肩ロース肉（1枚100g）…2枚
- B｜塩・こしょう…少々
- B｜小麦粉…適量
- ピザ用チーズ…大さじ2
- フォン・ド・ヴォー…1/2カップ
- サラダ油…適量
- 塩・こしょう…少々
- パセリ…適宜（みじん切り）

作り方
1. 鍋にAのバターを熱し、りんごを炒める。しんなりしてきたらレモン汁を加えて、火を止める。
2. 豚肉はBの塩、こしょうで下味をつけ、小麦粉をまぶす。サラダ油を熱したフライパンで両面を焼き、耐熱皿にのせる。
3. 2に1をのせてピザ用チーズをふり、オーブントースターで焦げめがつくまで焼く。
4. 鍋にフォン・ド・ヴォーを入れて少し煮詰め、塩、こしょうで味を調えて皿に入れる。3を盛り、パセリをちらす。

ドライりんごのサクサククッキー
米粉がなければ小麦粉でもOK

材料（20枚分）
- ドライりんご…40g（1cm角に切る）
- A｜バター（食塩不使用）…65g（常温に戻す）
- A｜きび砂糖…40g
- A｜塩…ひとつまみ
- 米粉…100g
- 牛乳…大さじ1と1/3

作り方
1. ボウルにAのバターを入れ、泡立て器でまぜる。きび砂糖と塩を加え、クリーム状になるまですりまぜる。
2. 1にドライりんご、米粉、牛乳を加え、手でまぜ合わせてからこね、ひとまとめにして20cm長さの円柱に成形する。ラップに包んで冷蔵庫で冷やし固める。
3. 2を1cm幅の輪切りにして天板に並べ、170℃に予熱したオーブンで15～20分焼く。

毎日食べてアレルギー予防に

アトピー性皮膚炎、花粉症、気管支ぜんそくなどのアレルギー疾患を引き起こす物質にヒスタミンがある。リンゴペクチンにより、そのヒスタミン濃度が低下することが認められ、毎日摂取することでのアレルギー予防効果が期待されている。

品種群

「未希ライフ」 — りんごの未来に希望を

1986年放送のNHK大河ドラマ「いのち」の舞台となったりんご農園の演技指導に協力した本種の育成者が、ドラマの主役名「未希」と、ドラマのタイトル「いのち」に由来するライフを合わせて命名した。「りんごの未来に希望を」という願いが込められているのだそう。早めに旬を迎える早生種ながら甘く、しっかりとした歯ごたえがある。

「紅月」(こうげつ)

かつては「和香」と呼ばれていたが、1981年に改名。肉質は粗めで、多汁。

「あかぎ」

群馬の赤城山から命名。甘く、酸味が少ない。

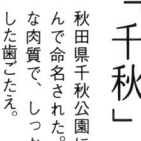

「千秋」(せんしゅう)

- 系：東光×ふじ
- 時：10月初旬～11月中旬
- 地：秋田県

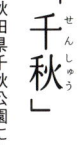

秋田県千秋公園にちなんで命名された。緻密な肉質で、しっかりした歯ごたえ。

「ジョナゴールド」

- 系：ゴールデンデリシャス×紅玉
- 時：9月下旬～10月中旬
- 地：アメリカ

酸味はやや強いが、甘みも充分含む。皮はピンクがかった紅色で、光沢がある。

「シナノゴールド」

- 系：ゴールデンデリシャス×千秋
- 時：10月上旬～下旬
- 地：長野県

果実はかためで、甘みのなかにしっかりとした酸味もある。生食はもちろん、デザートにも適する。日持ちもよい。

「ブラムリー」

- 系：―
- 時：8月下旬～9月上旬
- 地：イギリス

日本では1990年に長野県小布施町が料理用品種として英国園芸協会より導入した。さわやかな芳香と強力な酸味が加工調理にうってつけ。

イギリスではお手軽ランチに

日本では、大きくて立派なりんごが好まれる傾向にあるが、イギリスでは一度にまるごと食べられる小さめのサイズが主流。コーヒースタンドや、駅のキオスクなどでも売られ、手軽なランチ代わりやおやつとして親しまれている。

「陸奥」(むつ)

- 系：ゴールデンデリシャス×印度
- 時：10月下旬～12月下旬
- 地：青森県

大玉で見映えのよい品種。通常はあざやかな紅色だが、栽培法により皮が緑色やクリーム色になる。独特の芳香を持つ。

「北斗」

- 系：ふじ×陸奥
- 時：10月中旬～11月下旬
- 地：青森県

したたるほどの豊かな果汁が持ち味。シャリシャリとした食感。

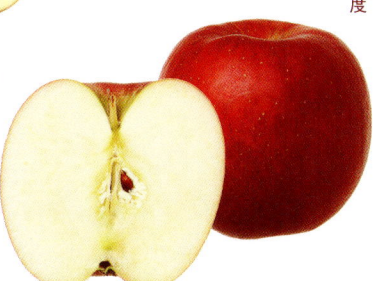

品種群

「紅玉」
系 エゾーパス×不明
時 10月上旬～11月初旬
地 アメリカ

糖度が低く独特の強い酸味がある。煮崩れしにくいため、加熱調理に適する。リンゴ酸が豊富。

「王林」
系 ゴールデンデリシャス×印度
時 10月下旬～12月下旬
地 福島県

かつてはその見ためから、そばかす美人と呼ばれていた。外見によらず上品で芳醇な香り。

星の金貨

食べやすさを追求して生まれた黄りんご

売れるりんごの条件は、あざやかな紅色と見映えのよい大きいサイズとされるが、ひとりで食べきるには大きく、まるごと食べるには皮が厚い。本種は、皮の薄さと果実の小ささにこだわって誕生。交配親に「ふじ」を持つだけあり、強い甘みと豊富な果汁が特徴で2004年に「あおり15」として品種登録された。りんご業界の新たな方向を示す重要な品種。

「つがる」
系 ゴールデンデリシャス×紅玉
時 8月中旬～9月下旬
地 青森県

ジューシーでまろやかな甘み。早生種のなかでは食味がよい。

世界一
系 デリシャス×ゴールデンデリシャス
時 9月下旬～翌1月下旬
地 青森県

1kgを超えるものもめずらしくない大玉種。果汁豊富で食味もよい。正式な品種名は「青り4号」。

紅ロマン
系 シナノレッド×不明
時 8月中旬～9月上旬
地 岩手県

奥州市江刺区のオリジナル品種で平成22年に初出荷された。暑さに強く、高温年でも美しい鮮明な赤色に色づく。正式な品種名は「高野1号」。

「スターキングデリシャス」
系 デリシャス突然変異
時 10月中旬～翌1月下旬
地 アメリカ

「デリシャス」の突然変異として、アメリカで誕生した。流通量は減少傾向だが、香りはよく甘みも強い。

ペクチンの原料にも

ジャムやゼリーなどを作る際にゼリー化作用を補うペクチン。工業生産される以前は伝統的にりんごの芯などが使用されており、現在も原料は乾燥したりんごのしぼりカスや、柑橘の果皮から抽出されている。

18

仁果

日本なし
Japanese pear

この酸味と食感はほかにない

果物を「水菓子」とも呼びますが、これは80％以上が水分で甘みのあるなしにふさわしい呼び名です。
日本では「日本なし」「西洋なし」「中国なし」の3種が出回っています。国内生産量は日本なしが圧倒的で、皮が黄緑色のものを青なし、褐色のものを赤なしと称します。
たっぷりと含まれる果糖やリンゴ酸、クエン酸には疲労回復効果が、また糖アルコールの一種であるソルビトールには整腸作用があります。なしは「無し」に通じるので「有りの実」と呼ぶことも。

おいしいカレンダー
7 8 9 10 11 12
千葉、茨城、福島
● おいしい時期

生産地
福島
茨城
千葉

「二十世紀」
地：千葉県
時：8月下旬〜9月下旬

鳥取のブランド青なし。さわやかな風味、多汁でシャリシャリとした食感が魅力。

食べごろ
赤なしは表面のざらつきがなめらかになってきたら。青なしは黄色みをおびてきたら。2〜5℃での保存がおいしい適温

お尻の中心の花の跡がキュッと締まっている

横に大きく、重心が低い

タネのまわりとお尻の部分がいちばん甘いので、縦割りにすると均一な甘さで食べられる。

蓮梨汁
のどの痛みやせきに。二日酔いにもおすすめ

材料
なし…500g
れんこん…500g

作り方
材料を洗って皮をむき、すりおろす。きれいなガーゼでしぼり汁を出す。

すりおろして料理に活用
おいしいコツ

さっぱりとした甘みのなしは、料理の邪魔をせず幅広く活用できる。鶏肉のおろし煮にしたり、しょうゆで味をつけて酢のものと和えたりするといい。まずは大根おろしに代えて使ってみよう。

梨

Data
学名：Pyrus serotina
分類：バラ科ナシ属
原産地：日本
仏名：poire japonaise
独名：Nashi-Brine

地方名：いぬころし（山形県一部）
たもとやぶり（鹿児島県一部）
やまなし（青森県）

保存法
ビニール袋に入れて冷蔵庫の野菜室に。水分が減ると味が落ちるため、乾燥させないように。日本なしは追熟しないので、早めに食べるべき。

食品成分表
（日本なし／生・可食部100gあたり）

エネルギー		38kcal
水分		88.0g
たんぱく質		0.3g
脂質		0.1g
炭水化物		11.3g
無機質	カリウム	140mg
	亜鉛	0.1mg
ビタミン	C	3mg
食物繊維総量		0.9g

レシピ

なしと白菜のごまドレッシングサラダ
食感がさらにおいしく変わる

材料（4人分）
- A
  - なし…1/2個（皮をむき、芯を除いて細切り）
  - 白菜…2枚（1cm幅の細切り）
  - きゅうり…1本（せん切り）
  - 水菜…1/3袋（5cm長さに切る）
  - プチトマト…4個（4等分に切る）
- B
  - リンゴ酢…大さじ2
  - 白練りごま…小さじ2
  - 砂糖…大さじ1
  - しょうゆ…小さじ1
- サラダ油…大さじ1
- 塩・こしょう…少々

作り方
1. 器になしとAを彩りよく盛る。
2. ボウルにBを入れてまぜ、サラダ油を少しずつ加えながらまぜ合わせる。塩、こしょうで味を調えてドレッシングを作り、1にかける。

韓国料理の名脇役
たんぱく質分解酵素を含むため、なしには肉をやわらかくする効果がある。とくに韓国料理との相性がよく、焼き肉のつけダレにすりおろしを入れたり、ユッケにしぼり汁やみじん切りを和えたりするなど、甘みと風味を最大限活かして利用されている。

なしのミルフィーユ
サクサクしたなしをパイ生地に見立てて

材料（2人分）
- なし…1個（皮をむき、薄い輪切りにして芯を丸く抜く）
- A
  - 牛乳…1/2カップ
  - バニラビーンズ…1/8本（縦に切り、タネをしごき出す）
  - 卵黄…卵1個分
  - グラニュー糖…15g
  - 薄力粉…小さじ2（ふるう）
- 牛乳…適量
- セルフィーユ（飾り用）…適宜

作り方
1. Aの材料でカスタードクリームを作る。小鍋に牛乳とバニラビーンズを入れ、沸騰直前まで温める。ボウルに卵黄とグラニュー糖を入れ、泡立て器で白っぽくなるまですりまぜ、薄力粉を加えてまぜ、温めた牛乳を少しずつ加えながらまぜる。小鍋に戻し、木べらでかきまぜながらとろみをつけ、沸騰させてしばらくしたら火を止める。ボウルにして入れ、氷水に当てて冷やす。
2. なしを1枚皿にのせ、1のカスタードクリームをしぼり、なしをのせ、同様にミルフィーユのように重ねる。
3. 残りのカスタードクリームを牛乳でのばし、2にかけ、セルフィーユを飾る。

「二十世紀」や「長十郎」は明治生まれだった

日本なしは中国や朝鮮半島、日本の中部地方以南に自生する野生種やまなし（ニホンヤマナシ）からなる小型のものでした。江戸時代には100を超える地方品種が誕生し、明治時代に「二十世紀」や「長十郎」が代表格となってさかんに栽培されるようになりました。現在も、さらなる品種改良が進められています。

品種群

「幸水」
系 菊水×早生幸蔵
時 8月上旬～8月下旬
地 静岡県

日本なしの代表種。果肉が緻密でやわらかく、ジューシー。強い甘みを持つ。

「豊水」
系 幸水×イー33（石井早生×二十世紀）
時 8月下旬～9月中旬
地 神奈川県

「幸水」に次いで生産量の多い赤なし。果肉はやわらかく、多汁。甘みが強く、適度な酸味もある。

「王秋」
系 （慈梨×二十世紀）×新雪
時 10月中旬～11月中旬
地 茨城県

縦に長い形が特徴。果肉はやわらかく、ほどよい酸味を持つ。日持ちがよい。

「ゴールド二十世紀」
系 二十世紀 
時 8月下旬～9月中旬
地 茨城県

二十世紀を改良し誕生した品種。黒斑病という病気に強い。

「新興」
系 二十世紀×天の川
時 11月下旬
地 新潟県

日本なしのシーズンの終盤に出回る赤なし。日持ちがよく正月でもおいしく食べられる。

「かおり」
系 新興×幸水
時 9月下旬～10月中旬
地 神奈川県

果実が大きく、なかには1kgを超えるものも。甘くさわやかな香りが特徴。正式な品種名は「平塚16号」。

「菊水」
大正4年に「太白」と「二十世紀」の交配で誕生。果肉はやわらかく、多汁。

「今村秋」
高知県高岡郡南部で発見されたもの。大きいものほど味がよい。

「長寿」
「旭」と「君塚早生」の交配種。極早生で酸味が少ない。

品種群

「晩三吉(おくさんきち)」
- 地：新潟県
- 時：10月下旬～11月中旬

みずみずしく、酸味がきいてさわやかな味。明治時代から新潟で栽培されていた歴史の古い品種。

「新甘泉(しんかんせん)」
- 系：筑水×おさ二十世紀
- 時：8月中旬～9月上旬
- 地：鳥取県

高い糖度と、赤なしながら青なしのような歯ざわりを楽しめるのが特徴。

ケンポナシ
"なし"といってもなしじゃない

なしには見えない奇妙な形。しかしその芳醇な香りと味は、まさに西洋なしのよう。自然に落下した実を食すもので、せき止めの薬になるともいわれていた。町中でその木を見かけることは減ってしまったが、現在でも島根県松江市では秋祭りの露店で売られ、市民に親しまれている。

「二十世紀」
- 系：おさ二十世紀×不明
- 時：9月上旬
- 地：鳥取県

かつては商標登録が認められず、品種名の「瑞秋」の名で流通していた。「二十世紀」を継ぐ次世代の青なしとして期待されている。

「新高(にいたか)」
- 系：今村秋×天の川
- 時：9月下旬
- 地：神奈川県

500g以上もある大玉の赤なし。収穫時期が遅く、比較的日持ちがよい。

「新雪」
- 系：今村秋×晩三吉
- 時：11月中旬～翌1月中旬
- 地：新潟県

大玉で大きなものは1kgを超える。肉質は歯ざわりがよく、やわらかい。

「南水」
- 系：越後×新水
- 時：9月下旬～10月上旬
- 地：長野県

長野の寒暖の差により生まれた、非常に糖度の高い品種。比較的日持ちがよい。

「にっこり」
- 系：新高×豊水
- 時：10月中旬～11月中旬
- 地：栃木県

平均800gもの大玉。やわらかく、ほどよい酸味と甘み。栃木の日光と梨の音読みの「リ」を合わせて命名された。

「愛甘水(あいかんすい)」
- 系：長寿×多摩
- 時：8月上旬～8月下旬
- 地：愛知県

お盆の前に出荷のピークを迎えるため、真夏に食べられる品種。糖度が高く、果汁もたっぷり。

「あきづき」
- 系：(新高×豊水)×幸水
- 時：9月下旬
- 地：茨城県

糖度が高く、果肉は緻密でやわらかい。比較的新しい品種だが、全国での生産が急速に広まっている人気品種。

「彩玉(さいぎょく)」
- 系：新高×豊水
- 時：8月下旬～9月上旬
- 地：埼玉県

平成17年に品種登録された埼玉県のオリジナル品種。大玉で酸味が少なく、ジューシー。

仁果

西洋なし

pear

洋梨

濃厚な香りと甘みがぜいたくな味わい

口当たりは日本なしのようにシャキシャキではなく、とろけるようで甘みも香りも強く、その人気はすっかり定着しました。

ほかのなし類と同様に水分と食物繊維が豊富で、便秘解消に効果があります。ほかに多いのは糖質やカリウム、逆に少ないのは石細胞です。

また、のどの炎症に効果があるソルビトール、疲労回復効果のあるアスパラギン酸、消化を助ける働きのあるプロテアーゼを含んでいます。品種が格段に増えたので、食べ比べてみるのも楽しいでしょう。

おいしいカレンダー
8 ●9 ●10 ●11 ●12 1
山形、長野、新潟　●おいしい時期

生産地
新潟／山形／長野

💧美容効果
日本なしよりも不溶性食物繊維を多く含むため整腸作用が強く、大腸ガン予防や美肌効果が期待される。

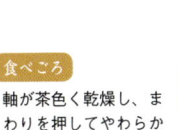

食べごろ
軸が茶色く乾燥し、まわりを押してやわらかさを感じるようになると食べごろ。追熟後は10℃以下の涼しい場所に

持ったときに重みがある

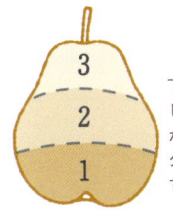

下のほうほど甘い。くし形切りにして上側からいただく、スタンダードな食べ方がおすすめ。

「ラ・フランス」
地：フランス
時：10月中旬

フランスで「我が国を代表するにふさわしいフルーツである」と賞賛されたことから命名された。とろける果肉と高貴な香りがなによりの特徴。

おいしいコツ①
簡単な食べ方
果肉がやわらかいので、ナイフを使わなくても、タネの部分をスプーンや型抜きなどで簡単にくりぬける。

輪切りにして、型抜きで。　縦割りにして、スプーンで。

Data
学名：*Pyrus communis*
分類：バラ科ナシ属
原産地：ヨーロッパ
仏名：poire
独名：Birne

地方名：
ひょーたんなし
（北海道・長野・熊本県一部）
よーり（北海道・岩手・宮城・新潟・岐阜県一部）

保存法
追熟させたい場合は紙袋などに入れ、20℃前後で。熟すのを遅らせたい場合は、冷蔵庫の野菜室に。

食品成分表
（西洋なし／生・可食部100gあたり）

エネルギー		48kcal
水分		84.9g
たんぱく質		0.3g
脂質		0.1g
炭水化物		14.4g
無機質	カリウム	140mg
	カルシウム	5mg
	銅	0.12mg
食物繊維総量		1.9g

レシピ

熟した西洋なしは料理の隠し味に

すりおろしたりつぶしたりして、ビーフシチューなど肉類の煮込み料理に加えるとまろやかに。肉類のソースとしてバター、塩、白こしょうで味を調えれば、トロリとなめらか、フルーティーに。

はちみつ黒酢コンポート
さっぱりと中華風に仕上げた

材料（2人分）
- 西洋なし…2個（皮をむき、くし形切り）
- A
  - きび砂糖…50g
  - 水…2カップ
- 黒酢…1/2カップ
- はちみつ…大さじ2

作り方
1. 鍋にAを入れて沸騰させ、西洋なしを入れ、弱火で約20分煮る。
2. 1をボウルに移し、氷水に当てながら煮汁ごと冷ます。小鍋に煮汁を1カップ分入れ、西洋なしは残りの煮汁に漬け、冷蔵庫で冷やしておく。
3. 2の小鍋に黒酢を加えて1/4量になるまで煮詰め、はちみつを加える。とろみがついたら火を止め、粗熱をとって冷やす。
4. 西洋なしを器に盛り、3のソースをかける。

若鶏の西洋なしみぞれ丼
なしの自然な甘みで豊かなコクが

材料（2人分）
- 西洋なし…100g（皮をむき、すりおろす）
- A
  - しょうゆ…大さじ2
  - 酒…大さじ2
  - みりん…大さじ1
- 鶏もも肉…300g（ひと口大に切る）
- B
  - 小麦粉…小さじ2
  - 片栗粉…小さじ2
- サラダ油…大さじ1
- ご飯…どんぶり2杯分
- 白髪ねぎ（飾り用）…適量

作り方
1. 西洋なしはAとまぜ合わせておく。
2. 鶏肉にBをまぶす。
3. フライパンにサラダ油を熱し、2を入れて焼き、1を加えて煮からめ、とろみとツヤが出てきたら火を止める。
4. どんぶりにご飯を盛り、3をのせ、白髪ねぎを飾る。

洋なし体型、りんご体型

ダイエットを考えるとき、太り方には「りんご型肥満（内臓脂肪型）」と「洋なし型肥満（皮下脂肪型）」の2タイプがあるといわれる。そう、見ための形から命名されたもので、洋なしは下半身太りというわけ。

品種群

「ラ・ネージュ」
時：1月初旬
地：山形県

生産者が非常に少なく、稀少な品種。シャリシャリとした食感が特徴で、甘みが強い。

「フレミッシュ・ビューティー」
時：9月下旬～10月上旬
地：ベルギー

日に当たると黄色い皮が赤みをおびることがある。歯ごたえがあり、甘みが強い。別名は日面紅。

「オーロラ」
系：マルゲリット・マリーラ×バートレット
時：9月上旬
地：アメリカ

甘みが非常に強く、きめが細かい。とろけるような舌ざわりで、日本には1980年代に入ってきた。

「バートレット」
時：9月上旬
地：イギリス

世界的に生産量が多く、缶詰用としても利用されている。ねっとりきめ細かい肉質で、やや酸味が強い。

「シルバーベル」
系：ラ・フランス×不明
時：11月上旬
地：山形県

平均500gもの大玉で、甘みが引き立つほどよい酸味が特徴。香りもさわやか。

新潟県が誇る、世界水準の西洋なし「ル・レクチェ」

明治36年ごろ、新潟県で農家を営む小池左右吉がフランスから苗木を導入し、栽培が始まった。当時は流通させられず、その味のよさを知る農家が自家消費用に栽培を続けていた。それが高級料亭で出されたことで、芸者や美食家のあいだでひそかなブームとなり、栽培が本格化する。栽培や追熟が難しく、現在はフランスでも生産されていないとか。

おいしいコツ② おいしく食べるための"追熟"

木の上では成熟しない特性があるため、未熟の青いうちに収穫される。その後、1週間ほど冷蔵して、さらに20℃前後で貯蔵し追熟してから出荷される。熟し方が足りないときは必ず追熟を。

◆歴史

日本には幕末に渡来したが、まだ追熟の知識がなく、普及しなかったといわれている。明治時代に多品種が導入されたものの、やはり栽培が難しく、広まったのは昭和後半で、おもに寒冷地域で栽培されている。産地以外で生で食べられるようになったのは近年のこと。

品種群

「マルゲリット・マリーラ」
- 地：フランス
- 時：9月中旬

500gほどの大玉品種で、食べごたえがある。やや繊維質だが多汁で、とろけるようにやわらかい。

ブランデーワイン
- 地：アメリカ
- 時：8月中旬

少し小ぶりな品種で、国内のおもな生産地は北海道。クセが少なく、甘みが強い。洋酒のような香りが漂うといわれる。正式名は「セニョール・デスペラン」。

プレコース
- 地：フランス
- 時：8月下旬

なめらかだが、シャリシャリとした日本なしのような食感もある。名の意味どおり早く出回る。正式名は「ドグツール・ジュール・ギュヨー」。

「ゼネラル・レクラーク」
- 系：ドワイエネ・デュ・コミス×不明
- 地：フランス
- 時：9月下旬〜10月上旬

日本では青森での生産が多い大玉品種。やや酸味があり、さわやかな食味。黄金色の皮が美しい。

「スタークリムソン」
- 系：クラップスフェイバリット×不明
- 地：アメリカ
- 時：8月中旬〜下旬

皮の濃紅色が特徴で、熟すとあざやかさが増す。果肉は白く、きめ細かい。

西洋なしとチーズ

おいしいコツ③

日本ではあまり見かけないが、イタリアでは西洋なしとチーズはポピュラーな組み合わせ。スライスした西洋なしにブルーチーズやカマンベールチーズをのせるだけで、お軽オードブルに。チーズリゾットやピザのトッピングにしても美味。

レシピ
西洋なしの赤ワイン煮ゼリー
深みのある色合いで大人の味

材料（2人分）
- 西洋なし…1個（皮をむき、ひと口大に切る）
- A｜水…大さじ1と2/3
- 　｜粉ゼラチン…5g
- B｜赤ワイン…1カップ
- 　｜水…1/2カップ
- 　｜グラニュー糖…40g
- レモン汁…大さじ1

作り方
1. Aの水に粉ゼラチンをふり入れてふやかしておく。
2. 鍋にBを入れて沸騰させ、西洋なしを入れ、弱火で約5分煮る。1とレモン汁を加えてよく溶かす。
3. 2をボウルに移し、氷水に当てながら粗熱をとり、冷蔵庫で冷やし固め、ゼリーを崩しながら器に盛る。

仁果

かりん | 花梨
Chinese quince

芳醇な香りはせき止めに効く

のど飴をよくみかけますが、これはかりんの豊かな芳香のもととなる精油成分が、せきやたんなど、のどの炎症を抑える効果があるからです。
カリウム、カロテン、ビタミンC、食物繊維が多く、サポニンやタンニンも含み、肝臓の強化や動脈硬化の予防、疲労回復などの効果が期待できます。
かたくて渋みが強いため、生食には向きません。

Data
- 学名：*Chaenomeles sinensis*
- 分類：バラ科ボケ属
- 原産地：中国
- 仏名：cognassier
- 独名：Quitte

地方名：かりんとー（北海道・宮城・福島・東京都一部）
くわずなし（香川県一部）

保存法
熟すまで常温で保存。熟すと表面に油分がしみ出て、黄色みと香りが強くなる。

下準備
充分に色づいていないようなら、数日間常温で保存。香りが強くなり、表面に油が吹いてきたら利用する。

食品成分表（生・可食部100gあたり）
- エネルギー……58kcal
- 水分……80.7g
- たんぱく質……0.4g
- 脂質……0.1g
- 炭水化物……18.3g
- 無機質　カリウム……270mg
- ビタミン　A　β-カロテン当量……140μg
- 　　　　　C……25mg
- 食物繊維総量……8.9g

香りが強い
皮にツヤとハリがある

マルメロ | 榲桲
quince

かりんと同じくのどの炎症に有効

芳香が強く、果実は生食に向かないことなどが似ているため、かりんと混同されやすいのですが、まったく別のフルーツです。かりんは中国が原産地で、マルメロはイランやトルコの周辺といわれています。
カリウムと、パントテン酸というビタミンB群に含まれる物質を多く含み、かりん同様、のどの痛みやせき止めに効果が期待できます。

江戸時代に長崎に渡来。マルメロの名前はポルトガル語で、「マーマレード」の語源ともいわれる。

Data
- 学名：*Cydonia oblonga*
- 分類：バラ科マルメロ属
- 原産地：中央アジア
- 仏名：coing
- 独名：Quitte

地方名：かりん（山形・新潟・山梨・長野県一部）
まるめ（青森・秋田・福島県一部）

保存法
熟すまで常温で保存。

下準備
表面に軟毛が残っている場合は、たわしでこすってよく洗う。

食品成分表（生・可食部100gあたり）
- エネルギー……48kcal
- 水分……84.2g
- たんぱく質……0.3g
- 脂質……0.1g
- 炭水化物……15.1g
- 無機質　カリウム……160mg
- ビタミン　パントテン酸……0.25mg
- 食物繊維総量……5.1g

皮にツヤとハリがある

仁果

びわ
loquat

枇杷

Data
学名：Eriobotrya japonica
分類：バラ科ビワ属
原産地：中国南部
仏名：nèfle du Japon
独名：Japanische Wollmispel

地方名：かたぎ（大分県）
　　　　ひば（三重県一部）
　　　　ぼわん（島根県一部）

保存法
常温で保存。低温にも高温にも弱く傷みやすいので、早めに食べる。

下準備
すぐに変色してしまうので、食べる直前に皮をむく。

食品成分表（生・可食部100gあたり）
エネルギー……41kcal
水分……88.6g
たんぱく質……0.3g
脂質……0.1g
炭水化物……10.6g
無機質　カルシウム……13mg
　　　　マグネシウム……14mg
ビタミン　A　β-カロテン当量
　　　　　　　　……810μg
食物繊維総量……1.6g

美容効果
手軽にびわの効能を手に入れるなら、びわの葉茶がおすすめ。ティーバッグでも市販されており、クセもなく飲みやすい。ポリフェノール作用で美肌効果も。

味は甘くさわやか。ガン予防に期待大

昔は「びわを庭に植えると縁起が悪い」などといわれました。しかしこれは途方もない迷信です。びわは、強い抗酸化作用を持つカロテンを豊富に含むため、高血圧や心筋梗塞などの生活習慣病予防や、ガン予防の効果が期待できる優れたフルーツなのです。同じくガン予防の有効成分であるポリフェノールの一種、クロロゲン酸も含まれています。葉はタンニンやビタミン様物質を含んでおり、古くから薬として利用され、せき止めにも効果的です。

おいしいカレンダー
3　4　5　6　7　8
長崎、千葉、香川
◆おいしい時期

生産地
長崎　香川　千葉

おいしいコツ
むき方のコツ
軸のほうを持ち、お尻から皮をめくると簡単できれいにむける。

品種群

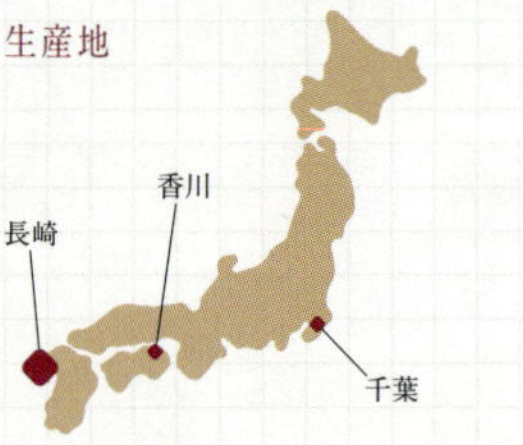

「なつたより」
系　長崎早生×福原早生
時　5月中旬～6月上旬
地　長崎県

平均60gと比較的果実が大きい。果肉はやわらかく、甘みが強い。平成21年に登録された新しい品種。

白い粉状のブルームとうぶ毛におおわれている
軸がしっかりしている
皮の色があざやかでハリがある

「大房」
系　田中×楠
時　6月上旬～下旬
地　静岡県

平均80gと果実がとくに大きい品種。

「希房」
系　田中4倍体×長崎早生
時　5月上旬～5月中旬
地　千葉県

世界初のタネなしびわ品種。大きさはそのままでタネがない。

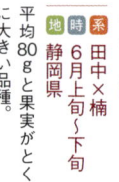

「茂木」
系　唐びわ×不明
時　5月中旬～6月上旬
地　長崎県

江戸時代に中国から持ち込まれたタネからの栽培が始まった、全国シェア1位の品種。小ぶりだが、とても甘い。

「田中」
系　唐びわ×不明
時　6月中旬～下旬
地　東京都

大粒で肉厚。果汁が豊富でみずみずしい食感。

仁果

西洋かりん
medlar ｜ 西洋花梨

追熟させてから風味と芳香を楽しむ

果実の性質がかりんに似ているため、西洋かりんの名がついています。しかし、かりんはボケ属であり、また別名西洋かりんと呼ばれるマルメロもマルメロ属のため、本種とは別属です。

収穫後に追熟させるとやわらかくなり、酸味と芳香が増します。少量のクリームや砂糖をかけてスプーンですくって食べるのがおすすめ。ジャム、メドラチーズ、メドラバターにもなります。

Data
学名：Mespilus germanica
分類：バラ科セイヨウカリン属
原産地：イラン
仏名：néflier
独名：Mispel
別名：メドラ

下準備
おがくずやわらの詰まったトレイに入れて追熟させる。

紀元前2世紀からはローマでも栽培が始まり、その後、ヨーロッパ全土に広がる。イングランドではビクトリア朝時代にデザートとして人気があったが、りんごや西洋なしに越された感がある。

ローズヒップ
rose hip ｜ 浜梨の実

「ビタミンCの爆弾」
「若返りの秘薬」

日本ではフルーツとして生食するというより、ハーブティーやサプリメント、アロマオイルとして広く認知されています。

南米チリに咲く野バラの果実で、バラといっても観賞用のバラとは異なる、かわいい花を咲かせます。

ビタミンCの含有量が多く、ほかにもビタミンA、β‒カロテン、カルシウム、リコピン、鉄分などさまざまな栄養成分が豊富に含まれています。

Data
学名：Rosa rugosa Thunb
分類：バラ科バラ属
原産地：イラン
仏名：cynorhodon
独名：Hagebutte
別名：ハマナス（浜茄子、浜梨）の実、バラの実

保存法
冷蔵庫で保存。

💧美容効果
ローズヒップティーとして日常的に飲むのが手軽な摂取法。肌の新陳代謝促進、美肌、美白効果、老化防止、免疫力アップなど、とくに女性が喜ぶ効能が期待できる。ジャムや砂糖漬けにも利用される。

フルーツの甘み

フルーツの甘みは、おもに3種類の「糖類」によって左右されます。それらを甘みが強い順に記すと、果糖、ショ糖、ブドウ糖です。

果糖は、あっさりしていて冷やすと甘みが増すことが知られています。果糖をおもな糖としているフルーツは、りんご、日本なし、びわなど。これらは食べる前に冷蔵庫で冷やしておくと、いっそう強く甘みを感じられるようになります。

ショ糖は自然でソフトな感じがし、舌にしっかり残る甘みです。ショ糖の多いフルーツは温州みかん、柿、桃、バナナなどです。

ブドウ糖は、さっぱりさわやかな甘みで体に吸収利用されやすく、エネルギー供給源となります。また脳が効率的に働くために欠かせません。ブドウ糖の多いフルーツはさくらんぼ、梅などです。

フルーツの甘みは、これらの糖の組み合わせで構成されています。ブドウ糖と果糖がほぼ等量の果実はぶどう、いちごなどです。しかし、その比率は成熟の過程で変化し、収穫後の糖は徐々に減ってゆくと考えられています。

栗などのようなでんぷん質を多く含む果実は、収穫後にでんぷんが糖に変わるため、貯蔵中に甘みが増します。またバナナや西洋なし、キウイフルーツなども追熟することで、でんぷん（ブドウ糖や麦芽糖で構成されたもの）が分解され、甘みが増します。

ちなみに、みかんなどの柑橘類は、貯蔵することで甘みが増すように錯覚しますが、実際は果実が呼吸することで酸が分解されて減るため、甘く感じるのです。

フルーツの甘みには種類もあって、それぞれの性質も異なります。その特性を知ることで、もっと楽しめるかもしれません。

柑橘

【citrus fruits】

柑橘の種類はとても多く、異なる柑橘でも容易に交雑して新たな柑橘が生まれます。ここでは祖先の近いものをまとめて紹介しました。

みかん

mandarin

柑橘

蜜柑

緑黄色野菜なみの
カロテンで発ガン予防

カンキツ属のなかでも皮がやわらかく簡単にむけるものを総称して、みかんといいます。

冬休みはこたつでみかんというのが冬らしい光景ですが、その代表的な温州みかんが全国的に栽培されるようになったのは明治時代。バナナと同様、手軽にビタミンCを摂れるフルーツとして人気が定着しました。食べすぎると指先や手のひらが黄色くなるのは発ガン予防に有効な成分、カロテノイドの一種であるβ-クリプトキサンチンが血中に蓄積されるためだといわれています。

おいしいカレンダー

10　⑪　⑫　①　②　3
和歌山、愛媛、静岡
◆おいしい時期

生産地

和歌山
愛媛
静岡

健康効果

カリウム、葉酸、食物繊維も多い。さらに水溶性食物繊維のペクチンも。ペクチンは大腸ガン予防、血液中のコレステロールを減少させることでの脂質異常症の改善にも有効とされる。皮の白い部分にはビタミンPが含まれ、毛細血管を強くし動脈硬化予防の働きがある。

おいしいコツ❶

手早く食べるなら「和歌山むき」

もともとはみかん農家が手袋を外さずに食べる方法として生み出された。

1. みかんを裏側から2つに割る。最後まで割らずに、少し残す。

2. さらに2つに割り、4等分する。軸側から外す。

温州みかん

- 軸の切り口が小さい
- 上から見ると、きれいな円形で軸が中心にある
- 皮の色が均一であざやか
- 皮がフカフカと浮いていない
- 皮のつぶつぶが小さくはっきりしている
- 小ぶりで皮が薄く、やわらかいものは糖度が高いといわれる

鹿児島で偶然生まれた日本の柑橘。産地や時期によってさまざまな品種、ブランド名が存在する。

地 鹿児島県

時
極早生：9月〜10月
早生：10月〜11月
中生：11月下旬〜12月下旬
晩生：1月〜3月

薄皮ごと食べて血圧上昇を抑える

すじや薄皮にはペクチンによる整腸作用以外にもポリフェノールの一種、ヘスペリジンの強力なパワーが秘められている。血圧の上昇を抑制し、毛細血管壁を保護して血管の老化を防いでくれる。中性脂肪を分解する働きもあるので、すじや薄皮は取らずに食べたい。

Data

学名：*Citrus* spp.
分類：ミカン科カンキツ属
原産地：インド、中国
仏名：mandarine
独名：Mandarin

地方名：かんかん
（静岡・島根県一部）
こーるい（兵庫・島根・山口・徳島・高知県一部）

保存法

直射日光の当たらない風通しのよい場所に。箱で購入した場合は、腐ったものを取り除きフタを開けて保存。下のものから食べたほうがよい。

食品成分表（じょうのう・普通・生・可食部100gあたり）

エネルギー	49kcal
水分	86.9g
たんぱく質	0.7g
脂質	0.1g
炭水化物	12.0g
ビタミン A β-カロテン当量	1000μg
ビタミン B1	0.10mg
C	32mg
食物繊維総量	1.0g

品種群

「アンコール」
- 系 キング×地中海マンダリン
- 時 2月～3月
- 地 カリフォルニア

むきやすく糖度も高いが、少しタネが気になるのが難点。

「宮川早生」
明治42年ごろ、福岡県の宮川謙吉医師の庭で温州みかんの突然変異として発見された。温州系のなかでは大玉で、甘み酸味ともに強い。

「紀州みかん」
およそ700年前に中国の南部より伝来したといわれる。和歌山県での栽培が、もっともさかんだった。明治時代以降、温州みかんの普及に圧倒される。

「スイートスプリング」
- 系 上田温州×八朔
- 時 12月中旬～翌2月上旬
- 地 静岡県

外見は不格好だが、中身は甘くてジューシー。青い時期から食べられるのでグリーンオレンジとも。分類ではタンゼロ。

「桜島小みかん」
- 時 12月
- 地 鹿児島県

5cmにも満たない極小みかん。やさしい甘みで、皮に独特の香りがある。製菓用にも便利な大きさ。

「南津海(なつみ)」
- 系 カラ×ぽんかん
- 時 4月～5月
- 地 山口県

初夏に出回るが、冬の柑橘類のように高い糖度を持つ、稀少なみかん。

ぽんかん
インドから来たおいしいみかん

ぽんかんの「ぽん」はインド西部の地名「Poona」が語源といわれている。皮の厚さが温州みかんと同じくらいでむきやすく、薄皮もやわらかいため、そのまま食べられる。タネがあり果汁が少なめだが、糖度が高く人気。

「カラ」
- 系 温州ミカン×キング
- 時 4月～5月
- 地 アメリカ

皮はやや荒くボコボコしているが、皮は簡単にむける。食味は濃厚。

きんかん類
Kumquat｜金柑
皮ごと食べる小さな柑橘類

多くの柑橘類はカンキツ属ですが、きんかんはキンカン属として独立しています。

果実も独特で、皮が甘く果肉は酸っぱいので、まるごと食べる変わった柑橘類です。

- 時 11月中旬～翌2月中旬
- 地 中国

果汁のみをしぼって利用することは少なく、皮ごと食べるか、砂糖漬けなどに。

おいしいコツ ②
みかんを甘~くする5つの方法

- 皮に切りめを入れ、電子レンジで30秒加熱し、冷ます  
- 40℃前後の湯に10分ほどひたす
- お手玉のように両手で投げる 
- フライパンや網でまるごと焼く 
- 食べる直前にもむ

すっぱさのもと、クエン酸を分解させる酵素が働くと甘くなります。また、放っておいてもみかんが呼吸する際に酸が消費されて、甘みは感じやすくなります。

おいしいコツ ③
おいしい冷凍みかんの作り方

冷凍室に入れて凍らせるだけでなく、凍ったみかんをいったん取り出し、冷水にくぐらせて表面に「氷の膜」を作ってからさらに冷凍するとよい。お風呂上がりや旅のお供に、好みのかたさに解凍してどうぞ。

皮を食器洗いに

みかんの皮に含まれているリモネンという成分は洗浄作用の強い物質。まず内側の白い繊維質の部分で汚れをふき取り、そのあと黄色い表皮のほうでこすって洗い流す。使用後の皮は生ゴミに。

おいしいコツ ④
薄皮をきれいにむく

料理に使う場合など、きれいに薄皮をむきたいときには熱湯に3分ほどひたしてすぐに冷水にとるとよい。

加工食品
陳皮（ちんぴ）

柑橘類の皮を乾燥させたもので、漢方薬や食用、薬味などに使われる。「陳」は古いという意味。

乾燥皮の活用法

パリパリに乾燥させた皮にはいろいろな活用法がある。虫の嫌いな臭いが含まれるので、燻せば蚊取り線香代わりに。ネットに入れ、浴槽に浮かべれば体を温め、風邪の症状改善や予防に効果的。布に入れ、玄関などに置けば消臭剤にも。

34

レシピ

みかんクラフティー
焼きたて熱々も、冷やしてもおいしい

みかんのもこもこケーキカップ
皮の器がかわいらしい

材料（4個分）
- みかん…4個
- A
  - 卵…1個
  - グラニュー糖…30g
  - みかんの果汁…1/4カップ
- バター…5g（溶かす）
- B
  - 薄力粉…50g
  - ベーキングパウダー…小さじ1
  （合わせてふるう）

作り方
1. みかんは上から1/4の高さで輪切りにし、内側の果肉をスプーンでくりぬき、カップを作る。果肉はふきんに包んで果汁をしぼる。
2. ボウルにAを入れて泡立て器でよくまぜ、みかんの果汁とバターを加えてまぜる。Bも加えて粉気がなくなるまでまぜ合わせる。
3. 1のカップに2の生地を流し入れ、電子レンジで約1分20秒加熱する。

育毛作用研究中
みかんに含まれる精油成分とアミノ酸には、脱毛の原因となる酵素の働きを抑制する作用がある。また、みかんの皮には毛母細胞を活性化し頭皮の血行を促す作用があるとする研究が進行中。

材料（12×24cmの楕円形耐熱皿2個分）
- みかんの缶詰…1/2缶
- A
  - 卵…1個
  - 砂糖…25g
  - 薄力粉…25g（ふるう）
  - 牛乳…1/2カップ
  - 生クリーム…1/4カップ
- バター（食塩不使用）…少々（室温に戻す）

作り方
1. 耐熱皿にバターを薄くぬっておく。
2. みかんはシロップをきり、ペーパータオルで水気をふき取る。
3. ボウルにAの卵と砂糖を入れ、泡立て器でよくすりまぜる。薄力粉を加え、粉気がなくなるまでまぜ、牛乳と生クリームを少しずつ加えてまぜ、こす。
4. 1に2を並べ、3を流し入れ、160℃に予熱したオーブンで20～30分焼く。焼きたてを、または好みで冷やしていただく。

柑橘

オレンジ
orange

甘橙

果肉は甘くてジューシー。
さわやかな香りも人気

皮がきれいなオレンジ色で、香りも高く、果汁たっぷりです。
ほとんどは輸入品で、普通オレンジ、ネーブルオレンジ、ブラッドオレンジに大別され、よく見かけるバレンシアオレンジは普通オレンジの一種。ネーブルは英語でへそという意味でお尻の部分にへそがあり、ブラッドオレンジは果肉が真っ赤なことから英語で血の意味の名がつけられました。
ビタミンCが多く、風邪予防や美容効果があり、クエン酸も多いので疲労回復効果もあります。

おいしいカレンダー
5 6 7 8 9
和歌山、神奈川（バレンシア）
◆おいしい時期

生産地
和歌山 
神奈川

Data
学名：Citrus sinensis
分類：ミカン科カンキツ属
原産地：インド
仏名：orange
独名：Orange, Apfelsine
別名：アマダイダイ、アランチャ

保存法
直射日光の当たらない風通しのよい場所に。湿気は大敵なので、夏はビニール袋に入れて冷蔵庫の野菜室に。

食品成分表（ネーブル・砂じょう・生・可食部100gあたり）
エネルギー	48kcal
水分	86.8g
たんぱく質	0.9g
脂質	0.1g
炭水化物	11.8g
無機質　カリウム	180mg
ビタミン　A　β-カロテン当量	130μg
C	60mg
食物繊維総量	1.0g

軸が残っている
皮があざやかなオレンジ色でハリ、ツヤがある
持ってみてずっしりと重量感があるものは、みずみずしい

おいしいコツ
簡単なむき方
ほとんどの柑橘に応用できるので、覚えておくと便利です。

1. 両端を果肉が見えるくらいの位置でカットする。
2. 上から皮と果肉のあいだにナイフを入れ、一周カットしていく。 
3. 薄皮に沿ってナイフを入れ、ひと房分ごとにカットしていく。 

品種群

バレンシアオレンジ
時：5月〜8月
地：ポルトガル

スイートオレンジの代表格で、日本以外の柑橘生産国でもっとも多く栽培されている。酸味と甘みのバランスがよく、果汁も豊富。

ネーブルオレンジ
時：輸入 12月〜翌4月　国産 11月〜翌1月
地：ブラジル

タネはなく、甘みが強い。香りも豊か。

ブラッドオレンジ
時：2月上旬〜3月
地：イタリア

おもに真っ赤なジュースの原料となる。コクのある甘さが特徴的。代表品種はタロッコ種。

36

レシピ

ビタミンたっぷりで美肌の相乗効果が
オレンジとトマトのサラダ

材料（2人分）
- オレンジ…1個
- にんじん…50g（細切り）
- フルーツトマト
  …2個（湯むきし、8等分のくし形切り）
- A
  - オレンジ果汁…大さじ1
  - オリーブオイル…大さじ1/2
  - 白ワインビネガー…小さじ1
  - 塩・粗びき黒しょう…少々

作り方
1. オレンジは皮と白い部分をむき、果肉を切り出す。残りの袋をしぼり、果汁を取っておく。
2. ボウルににんじんを入れ、Aを加えて和え、オレンジの果肉、フルーツトマトも入れて和え、器に盛る。

うれしい美容効果が

ビタミンCとともにカロテンが豊富なので、美肌とともに便秘解消にも効果あり。ジュースも多く市販されているので気軽に飲んで。オレンジの輪切りをぬるま湯に浮かべて洗顔したり、果汁をしぼったあとのカスを布袋などに入れて浴槽に浮かべたり、使い方はいろいろ。

ビターなオレンジがゴロゴロ入った
キャラメルオレンジのチーズケーキ

材料（約20cm長さのパウンド型1台分）
- オレンジ…2個
- A
  - グラニュー糖…40g
  - 水…大さじ1
  - バター（食塩不使用）…10g
- B
  - クリームチーズ…250g（室温に戻す）
  - グラニュー糖…60g
  - 溶き卵…1個分
  - 薄力粉…30g（ふるう）
- ミント…適宜（みじん切り）

作り方
1. オレンジは皮をむき、果肉をひと房ずつ切り出し、出た果汁は取っておく。
2. 小鍋にAを入れて火にかけ、キャラメル色になったら火を止める。1の果汁を加えて再び火にかけ、水分をとばし、果肉を加えて煮からめ、皿に取り出して冷ましておく。
3. ボウルにBのクリームチーズを入れ、泡立て器でなめらかな状態にし、グラニュー糖を加えてクリーム状になるまですりまぜる。溶き卵を少しずつ加えながらまぜ、薄力粉を加えてさらにまぜ合わせる。
4. 型にクッキングペーパーを敷き、3を流し入れて2を汁ごと並べる。170℃に予熱したオーブンで約40分焼き、型のまま粗熱をとり、型からはずして冷蔵庫で冷やし、ミントをちらす。

> 柑橘

グレープフルーツ

grapefruit

酸味と香りがストレス解消に効く

18世紀に西インド諸島で誕生したといわれ、ぶどうの房のように1本の枝にたくさん実る姿がこの名の由来です。文旦類とオレンジ類の自然交配とされ、皮が黄色で、果肉が淡黄色、ピンク系、皮も果肉も赤系などの種類があります。

香りには消臭抗菌効果もあり、気分を高揚させ、前向きで明るい気持ちになれるといわれています。さわやかな酸味とほろ苦さが持ち味。ビタミンC、B₁、カリウム、クエン酸が豊富で、果肉の赤いものにはリコピンやカロテンも含まれます。

おいしいカレンダー

2 3 **4 5** 6

アメリカ合衆国　◆おいしい時期

おもな輸入先
- アメリカ合衆国
- 南アフリカ
- イスラエル

「マーシュ」

時
- カリフォルニア産…5月初旬～10月下旬
- フロリダ産…10月中旬～翌5月下旬
- 南アフリカ産…6月中旬～10月中旬
- アメリカ

地

もっとも多く目にする白い果肉の品種。果汁が多く、強い酸味とほのかな苦みが特徴。

形が丸くととのい、重量感がある

皮にしっかりと厚みがあり、ハリがある

Data
- 学名：*Citrus paradisi*
- 分類：ミカン科カンキツ属
- 原産地：西インド諸島バルバドス
- 仏名：pamplemousse
- 伊名：pompelmo
- 漢名：葡萄柚

- 地方名：
  - おーごんとー（広島県一部）
  - ぽめろ（愛媛県一部）

保存法
ビニール袋に入れて冷暗所か冷蔵庫の野菜室に保存。カットしたものはラップで包み冷蔵庫に。

下準備
皮には防腐剤などが残留している場合が多いので、水洗いを。

食品成分表
（白肉種・砂じょう・生・可食部100gあたり）

エネルギー	40kcal
水分	89.0g
たんぱく質	0.9g
脂質	0.1g
炭水化物	9.6g
無機質　カリウム	140mg
ビタミン　B₁	0.07mg
C	36mg
食物繊維総量	0.6g

薬との飲み合わせに注意

特定の薬の成分を分解、排出する酵素の働きを抑制するため、薬の作用、副作用を増強してしまうおそれがある。高血圧治療薬をはじめ、その影響を受ける医薬品は多いので、薬を服用している場合は、医師や薬剤師に相談を。ジュースも同様の注意が必要。

独特の食感と酸味が好相性　グレープフルーツとモロヘイヤのとろとろジュース

材料（1人分）
- グレープフルーツ…1/2個
  （皮と白い部分をむき、ざく切り）
- モロヘイヤ…20g（熱湯でサッとゆでる）
- きび砂糖…小さじ2
- レモン汁…小さじ1
- 水…1/2カップ

作り方
すべての材料をミキサーにかけ、グラスに注ぐ。

レシピ

フルーツで軽い風味に仕上げた
グレープフルーツのさわやかちらし寿司

ほどよい酸味と香りがたまらない
タイのグレープフルーツソース

材料（2人分）
- グレープフルーツ…1個
- タイ（切り身）…2切れ
- A
  - エシャロット…15g（みじん切り）
  - 白ワイン…1/2カップ
  - フォン・ド・ヴォー…大さじ1
  - 白ワインビネガー…小さじ2
  - はちみつ…小さじ1
- バター（食塩不使用）…30g
- 塩・こしょう…少々
- サラダ油…適量
- セルフィーユ（飾り用）…適宜

作り方
1. グレープフルーツは皮と白い部分をむき、果肉を切り出し、残りの袋をしぼりソース用に果汁大さじ1を取っておく。
2. 小鍋にAを入れ、弱火で1/3量になるまでじっくり煮詰める。1のソース用果汁を加え沸かして火を止め、バターを加え、塩、こしょうで味を調える。
3. タイは塩、こしょう（分量外）で下味をつけ、サラダ油を熱したフライパンで両面を香ばしくキツネ色になるまで焼く。
4. 皿に3を盛り、1の果肉を添え、2のソースをかけてセルフィーユを飾る。

材料（2人分）
- グレープフルーツ（ルビー）…1/2個
- ご飯（かために炊く）…400g
- A
  - にんじん…40g（せん切り）
  - れんこん…40g（薄いいちょう切り）
  - 干ししいたけ…2枚（水で戻し、薄切り）
  - しいたけの戻し汁…1カップ
  - だし汁…1/2カップ
  - みりん…大さじ2
  - 砂糖…大さじ2
  - しょうゆ…小さじ2
- B
  - 卵…1個
  - 片栗粉…小さじ1/2
  - 水…小さじ1/2
  - 塩…ひとつまみ
- C
  - グレープフルーツ果汁…小さじ2
  - 米酢…小さじ2
  - 砂糖…小さじ2と1/3
  - 塩…小さじ1/2
- サラダ油…適量
- さやえんどう…4本（サッとゆで、2等分の斜め切り）
- もみのり…適量

作り方
1. グレープフルーツは皮と白い部分をむき、果肉を切り出しほぐす。残りの袋をしぼり、果汁小さじ2を取っておく。
2. 鍋にAを入れ、中火で水分が少なくなるまで煮る。
3. Bをよくまぜ合わせ、サラダ油を薄くひいて熱したフライパンに流し、薄焼き卵を作る。手前から丸め、端からせん切りにし、錦糸卵にする。
4. ご飯にまぜ合わせたCを加え、切るようにさっくりまぜ、2を加え、グレープフルーツもまぜ込み、器に盛る。さやえんどう、3の錦糸卵、もみのりをちらす。

♥ ハートマークのグレープフルーツ

アメリカでは、グレープフルーツの果実やジュースにハートマークがつけられ販売されている。このハートマークは心臓を守る効果があるとAHA（アメリカン・ハート・アソシエーション）に認定された食材につけられるもので、心臓病予防食品として広く利用されている。

簡単なむき方 〈おいしいコツ〉

1. 両端を果肉が見えるくらいの位置でカットする。
2. りんごの皮むきと同じ要領でらせん状に皮を厚めにむいていく。 
3. 薄皮に沿ってナイフを入れ、ひと房分ごとにカットしていく。

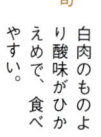

品種群

「メロゴールド」
系：（ポメロ×グレープフルーツ）×ホワイトグレープフルーツ
時：1月〜2月
地：カリフォルニア

甘みの強いグレープフルーツといった食味。果肉はやわらかく、多汁。むきやすい。

「スタールビー」
系：ハドソン×不明
時：5月〜10月
地：アメリカ

ルビーよりもやや赤みが強い果肉。甘みが強く、苦みと酸味がマイルド。

「ルビー」
系：トムソン突然変異
時：カリフォルニア産…5月初旬〜10月下旬／フロリダ産…10月中旬〜翌5月下旬／南アフリカ産…7月中旬〜10月中旬
地：アメリカ

白肉のものより酸味がひかえめで、食べやすい。

「オロブランコ」
系：文旦×グレープフルーツ
時：11月〜翌2月
地：カリフォルニア

独特の甘い香りが特徴。イスラエル産のものはスウィーティーの名称で流通する。

柑橘

文旦類
pummelos

文旦

厚くて白い皮はざぼん漬けに

文旦はカンキツ属のなかでも果実が大きく生育する種で、日本ではざぼんとも呼びます。直径20cm以上、重さ2kgを超えるものもあり、果汁が少なく、風味は淡白。皮が厚く、白い部分はざぼん漬けとなり、おやつとして人気です。

糖類が主成分でクエン酸、ビタミンCが多く、独特の苦みはナリンギンという成分で、免疫力を高めたり食欲を抑えたりする働きがあります。グレープフルーツ類や夏みかん、八朔（はっさく）などは文旦の血統を受け継ぐとされています。

おいしいカレンダー
11　12　1　2　3　4
高知、鹿児島、愛媛　◆おいしい時期

生産地
愛媛 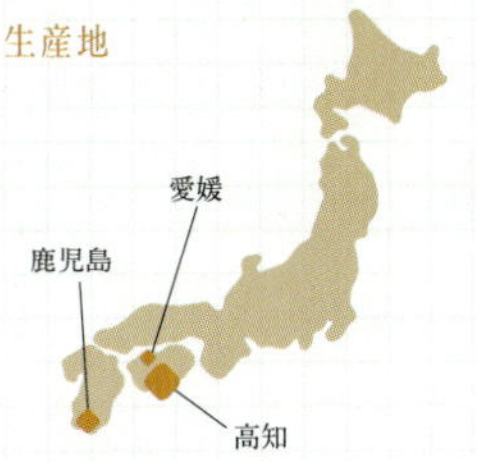
鹿児島
高知

Data
学名：Citrus grandis
分類：ミカン科カンキツ属
原産地：マレー半島、インドシナ
仏名：pamplemousse
別名：ザボン

地方名：
じゃがたろー（大分県一部）
ときぶね（宮崎県一部）
ばけもの（山口県一部）

保存法
長期保存したい場合はビニール袋に入れて冷蔵庫に。室内に置いて香りを楽しむのもよい。

食品成分表
（砂じょう・生・可食部100gあたり）
エネルギー……41kcal
水分……89.0g
たんぱく質……0.7g
脂質……0.1g
炭水化物……9.8g
ビタミンC……45mg
食物繊維総量……0.9g

おいしいコツ　簡単なむき方
1. 皮のみグルッと一周、水平に切り込みを入れる。
2. 切り込みから、グイッと深く指を入れて皮と身を離していく。

- 軸が枯れていない
- 皮の粒々（油胞）がなめらか
- 持ってみてずっしりと重さを感じる

品種群

「土佐文日」
時：1月中旬～3月下旬
地：高知県

代表的な品種。露地のものは、多少皮が厚めだが、いっそうさわやかな風味。食感はプリプリ。

「晩白柚」（ばんぺいゆ）
時：12月～翌1月
地：マレー半島

大人の頭ほどもある、巨大な品種。常温で1か月ほど持ち、観賞用にも。厚い皮は捨てずに利用したい。

「大橘」（おおたちばな）
時：1月～3月
地：熊本県

熊本ではパール柑、鹿児島ではサワーポメロという。さっぱりとした清涼感がある。

「獅子柚」（ししゆ）
系：文旦×中国
時：10月～11月

大きくいびつな見ためが特徴。あまり食用にされないが、皮はマーマレードなどに利用できる。

41

柑橘

タンゴール類

tangors

国産品種が増えて食べ比べも楽しい

タンゴール類はみかん（タンジェリン tangerine）類とオレンジ（orange）類をかけ合わせた品種に対してつけられた総称です。オレンジというとカリフォルニアをはじめ、輸入品というイメージが強いですが、タンゴール類は日本でも多くの品種が育成されています。なかでも甘い香りと味を併せ持つ「清見」や「不知火（デコポン）」などが有名です。

みかん類の持つ皮がむきやすいという利点と、オレンジ類の持つ豊かな香りを兼ね備えているため、人気は高まる一方です。

おいしいカレンダー
1 ② ③ ④ 5 6
愛媛、和歌山、佐賀（清見）
● おいしい時期

生産地
佐賀　愛媛　和歌山

💧 美容効果
品種によって差はあるが、効能はみかん類、オレンジ類とほぼ同じ。ビタミンCが豊富で、カロテン、ビタミンB1も含有する。発ガン抑制作用が期待されるβ-クリプトキサンチンも含む。

「清見（きよみ）」
系：宮川早生×トロビタオレンジ
時：2月～4月
地：静岡県

皮がなめらかでキメ細かい

じょうのう（袋）、果肉がやわらかく食べやすい。みかんの甘みとオレンジの風味を持つバランスのよい品種。

「マーコット」
時：3月～4月
地：アメリカ

軸が小さい

温州みかんに似ているが、若干大きく皮に赤みがある。果汁が豊富で、濃厚な甘みとほのかな酸味。

Data
学名：*Citrus* spp.
分類：ミカン科カンキツ属

保存法
直射日光の当たらない風通しのよい場所に。

食品成分表
（清見・砂じょう・生・可食部100gあたり）

エネルギー	45kcal
水分	88.4g
たんぱく質	0.8g
脂質	0.2g
炭水化物	10.3g
ビタミン A β-カロテン当量	540μg
B1	0.10mg
C	42mg
食物繊維総量	0.6g

食感がクセになるスタミナドリンク オレンジキャロットのとろとろジュース

材料（1人分）
- オレンジジュース…1/2カップ
- にんじん…20g（熱湯でサッとゆで、水気をきる）
- やまいも…40g（皮をむき、ひと口大に切る）
- ヨーグルト…30g

作り方
すべての材料をミキサーにかけ、氷適量（分量外）を入れたグラスに注ぐ。

品種群

「ウィルキング」
アメリカの小さなオレンジ。日本の多くのタンゴール類の親品種となっている。

「興津早生」
「宮川早生」がもとになり昭和38年に品種登録された。食味は「宮川早生」よりも果汁の甘み、酸味が濃い。

「南香」
温州みかんとクレメンティンの交配種。肉質はやや粗いが、甘みがあり品質はよい。

「トロビタオレンジ」
1915年ごろにカリフォルニア州の柑橘試験場で育成されたオレンジ。果肉はやわらかく、多汁。

紅まどんな
- 系：南香×天草
- 時：11月下旬〜12月
- 地：愛媛県

果肉はゼリーのようなプルプルとした食感で、果汁もたっぷり。品種名は「愛媛果試第28号」。

「不知火」
- 系：清見×ぽんかん
- 時：3月〜4月
- 地：熊本県

頭に凸がついた特徴的な外見。高糖度だがさっぱりしており、皮もむきやすい。登録商標のデコポンで有名。

「天草」
- 系：(清見×興津早生)×ページ
- 時：12月下旬〜翌1月上旬
- 地：長崎県

酸味が少なく、甘い果汁がジューシー。果肉はやわらかく、皮は濃い橙色。

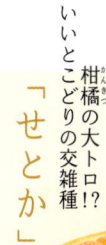

「たまみ」
- 系：清見×ウィルキング
- 時：2月下旬〜3月下旬
- 地：静岡県

食味はぽんかんに似ているが、より甘みが深く、香りはオレンジのよう。じょうのう(袋)が薄く、やわらかいので食べやすい。

「せとか」
柑橘の大トロ!? いいとこどりの交雑種

「清見」に「アンコール」をかけ合わせたものに、さらに「マーコット」をかけ合わせて育成された。香り、味に優れた交配親それぞれの長所を活かした、まさにいいとこどりの柑橘といえる。タンゴール類のなかでは大玉で、トロリととろける食感、濃厚な味わい、華やかなオレンジの香りを兼ね備える。

桶柑
- 系：オレンジ×ぽんかん
- 時：2月〜4月
- 地：中国

ほどよい酸味と、果汁の多さが特徴。かつて行商が桶に入れて売り歩いていたことから、桶の漢字が当てられた。

「ゴールドナゲット」
- 系：ウィルキング×キンシー
- 時：2月下旬〜3月下旬
- 地：アメリカ

小さめのみかんほどの大きさで、ほどよい酸味と甘み。締まった果肉が特徴。

柑橘

雑柑
zakkan, miscellaneous citrus

マーマレードも美味。文旦の親戚

柑橘類のなかで、由来が不明なグループです。文旦類の血を引く品種が多い傾向にあります。

日本では夏みかんや八朔が代表的で、品種によってそれぞれ特徴は異なりますが、ジューシーで甘いみかん類やオレンジ類などに比べると、総じて歯ごたえとさわやかな風味があります。

文旦類と同様、ショ糖、果糖、ブドウ糖などの糖類が主成分で、酸味の爽快さはクエン酸がもたらしてくれるものです。

おいしいカレンダー
3 4 5 6 7 8
熊本、愛媛、鹿児島（夏みかん）
●おいしい時期

生産地
愛媛
熊本
鹿児島

八朔 はっさく
時 12月中旬〜翌2月下旬
地 広島県

名は旧暦の八月の朔日（1日）の意だが、その時期とは大きく異なる。八朔の旬とは大きく異なる。酸味が強く、わずかに苦いので好みが分かれる。貯蔵性が高い。

夏みかん
系 文旦×不明
時 4月〜6月
地 山口県

酸味が強く、お菓子などの加工品として利用されることが多い。正式名「夏橙」。出荷量は昭和40年代ごろから減少傾向に。

日向夏 ひゅうがなつ
時 5月〜6月
地 宮崎県

文政年間に宮崎市赤江で発見された。高知の小夏や伊豆のニューサマーオレンジも同品種。甘みは少ないが、特有の酸味と香りにファンが多い。

いよかん
時 1月〜3月
地 山口県

素朴で奥ゆかしい味わい。さわやかな香りと、ほどよい甘酸っぱさが特徴。

甘夏
糖度を高めて食べやすく進化

昭和10年ごろ、大分にある川野豊氏の果樹園で通常の夏みかんのなかからひときわ減酸が早く糖度の高いものが発見された。それは「川野夏橙」と名づけられ各地で本格的に栽培されるようになり、昭和30年ごろには温州みかんに次ぐシェアを誇るほどに。昭和40年のグレープフルーツ輸入自由化の影響を受け、生産・消費ともにずいぶん減少したが、すっきりとした甘さとほのかな苦みは、初夏のフルーツとして現在も根強い人気がある。

保存法
直射日光の当たらない風通しのよい場所に。おいしい適温は3〜5℃。

下準備
皮がかたくむきにくい場合は、3分程度湯煎し、包丁で切り込みを入れてからむく。

食品成分表（夏みかん・砂じょう・生・可食部100gあたり）

エネルギー	42kcal
水分	88.6g
たんぱく質	0.9g
脂質	0.1g
炭水化物	10.0g
無機質　カリウム	190mg
マグネシウム	10mg
ビタミン　C	38mg
食物繊維総量	1.2g

品種群

「紅甘夏」

系：甘夏突然変異
時：4月～5月中旬
地：熊本県

甘夏の突然変異として発見された。皮、果肉ともに甘夏よりもやや赤みが強い。

「黄金柑」

系：みかん×ゆず（推測）
時：2月～4月
地：鹿児島県

ピンポン玉ほどの小さい品種。レモンのような皮の色だが、甘みは充分。別名はゴールデンオレンジ。

「河内晩柑」

時：4月～8月下旬
地：熊本県

熊本市河内町で偶然生まれた品種。木になっている期間が長く、4月～5月のものは果汁たっぷり、6月～7月の熟したものは水分が抜け、さっぱりとした食感に。

タンゼロ類
tangelos

雑種でも香りと栄養価は超一流

みかん類とグレープフルーツ類、あるいはみかん類と文旦類のかけ合わせを総称して、タンゼロ類といいます。なめらかできれいなオレンジ色の皮は、比較的やわらかくてむきやすく、果汁も多いため、もっぱら生食されています。

栄養面ではカロテン、ビタミンC、カリウムといった成分が含まれます。

代表的な品種に、強烈な香りを持つ「セミノール」があります。

Data
学名：*Citrus spp.*
分類：ミカン科カンキツ属

保存法
直射日光の当たらない風通しのよい場所に。

食品成分表（セミノール・砂じょう・生・可食部100gあたり）

エネルギー	53kcal
水分	86.0g
たんぱく質	1.1g
脂質	0.1g
炭水化物	12.4g
無機質　カリウム	200mg
ビタミン　A　β-カロテン当量	1100μg
C	41mg
食物繊維総量	0.8g

「セミノール」

系：ダンカングレープフルーツ×ダンシータンジェリン
時：3月下旬～5月中旬
地：アメリカ

味わいはネーブルに似ており、コクのある甘みを持つ。タネは多めだが、じょうのう（袋）ごと食べられる。

「ミネオラ」

系：ダンカングレープフルーツ×ダンシータンジェリン
時：2月中旬～5月中旬
地：アメリカ

「セミノール」と姉妹品種で、濃厚な食味と芳香を持つ。デコポンのように頭に凸がある。

🍀 健康効果
発ガン抑制作用が期待されるβ-クリプトキサンチンを含む。

「カクテルフルーツ」

系：ポメロ（文旦）×マンダリン
時：11月中旬～翌3月下旬
地：カリフォルニア

オレンジとライムを合わせたような風味。完熟するととても甘いが、酸味を楽しみたいなら皮が緑色のうちに食べても。

柑橘

レモン

lemon

檸檬

ビタミンCの含有量は柑橘類のトップ

香酸柑橘（こうさんかんきつ）の代表格。インド北東部のヒマラヤが原産地で日本には明治時代に渡来し、広島、愛媛、和歌山などで栽培されています。

ビタミンCを多量に含むほか、さわやかな酸味の主体であるクエン酸も豊富です。疲労物質である血液中の乳酸を分解し、疲労回復を早めてくれます。

酸味と芳香が強く、飲料や料理、ケーキ、紅茶の香りづけなどに多用されます。香り成分は皮に多く含まれるため、輸入レモンなどはよく洗ってから使いましょう。

おいしいカレンダー

9　⑩　⑪　⑫　1　2
広島、愛媛、和歌山（イエロー）
◆おいしい時期

生産地
広島
愛媛
和歌山

Data
学名：*Citrus limon*
分類：ミカン科カンキツ属
原産地：インド
仏名：citron
独名：Zitron

地方名：きず（福岡県）

保存法
ビニール袋に入れて冷蔵庫の野菜室に。大量に入手して使いきれない場合は、しぼった果汁を製氷皿に入れて小分け冷凍もできる。

食品成分表
（全果・生・可食部100gあたり）

エネルギー	43kcal
水分	85.3g
たんぱく質	0.9g
脂質	0.7g
炭水化物	12.5g
無機質　カリウム	130mg
マグネシウム	11mg
ビタミン　C	100mg
食物繊維総量	4.9g

両端をつまんだように対称の紡錘形

重量感のあるもの

皮がなめらかで、色にムラがない

皮の外側からでも、香りがする

「リスボン」
[地] ポルトガル　[時] 国内産：9月〜12月

カリフォルニアの内陸で生産される代表的なレモンの品種。おなじみのサンキストレモンの多くはこの品種。

しぼりやすいレモンのくし形切り
おいしいコツ①

横から斜めにナイフを入れて半分に切り、その切り口の中心から、斜めに4〜5等分のくし形に切っていく。

ホットレモンジンジャー
冷え性をおいしく解消する

材料（1人分）
A｜レモン汁…大さじ1
　｜はちみつ…小さじ2
　｜しょうが汁…小さじ1
熱湯…120cc
シナモンスティック…1本

作り方
カップにAを入れ、熱湯を注ぎ、シナモンスティックでまぜながらいただく。

お手軽保存法

上が広く下がせばまっているグラスに水を入れ、切り口を下に向けて入れる。乾燥を防ぎ鮮度を保てるが、早めに使いきること。

品種群

マイヤーレモン

系 レモン×オレンジ
地 国産…11月〜翌3月 アメリカ
時

酸味がややまろやかで、ほのかに甘みを含む。形状は通常のレモンよりも丸みをおび、赤みがある。

小笠原レモン

系 レモン×オレンジ
地 9月〜翌1月 東京都小笠原諸島
時

マイヤーレモンの一種。緑色の果実はグリーンレモンと呼ばれ、料理の香りづけに最適。黄色の果実も楽しめる。

皮は塩できれいに

外国産のものは、ポストハーベスト農薬(収穫後に行う防腐剤や防カビ剤の処理)を心配する声もありますが、国内での使用は禁止されている。輸入時に基準値の検査が行われているので健康への問題はないといえます。

それでも皮を調理に直接使う場合など付着物が気になる場合は、塩を適量手に取り、全体をもむようにこすって水洗いしましょう。浸透圧で汚れやゴミが落ち、色と香りもアップします。

シンクみがきに

酸味のもととなるクエン酸には水あか汚れを落とす効果がある。皮でこすればシンクはピカピカ。天然素材のクリーナーとして。

イタリアの常備酒「リモンチェッロ」

南イタリアに、レモンにあふれレモンとともに生活しているアマルフィという街がある。そこでは各家庭で「リモンチェッロ」という常備酒を作る習慣が。皮の黄色い部分だけを薄く削り、95°のアルコールに漬け込んで作られる香り豊かなリキュールで、イタリア料理の食後酒にぴったり。その地を訪れた際は、ぜひお試しあれ。

おいしいコツ②

焼きいもにレモン

"さつまいものレモン煮"という料理があるように双方の相性は抜群。焼きいもにレモンをしぼってかけると、さわやかな香りと酸味がいもの甘みを引き立ててくれる。

レシピ

手についたにおいや缶詰の甘さに

料理中に魚などの嫌なにおいがついたとき、プロのシェフは石けん代わりにレモンの皮を手にこすりつける。またフルーツの缶詰が持つ独特の甘みが苦手なら、レモンのしぼり汁と薄切り3、4枚でさっぱりさせて。

レモンピール
皮もおいしくいただける

材料（作りやすい分量）
- レモン（国産）…3個
- グラニュー糖…160g
- グラニュー糖（仕上げ用）…適量
- 製菓用チョコレート（仕上げ用）…適量

作り方
1. レモンは塩（分量外）でこすり洗いし、6等分のくし形切りにし、皮と果肉のあいだに包丁を入れて分ける。
2. 鍋に1の皮を入れ、ひたひたの水（分量外）を加え、沸騰したら湯を捨てる。この手順を3回繰り返す。
3. 2の3回目の湯は残しておき、グラニュー糖40gを加え火にかけて溶かし、ひと煮立ちさせたら火を止め、そのまま3時間おく。
4. 3にグラニュー糖40gを加え、ひと煮立ちさせたら火を止め、そのまま3時間おく。この手順をあと2回繰り返す。
5. 4のレモンの皮を取り出し、120℃に予熱したオーブンに10～15分入れて乾燥させ、冷ます。
6. 5の半分にグラニュー糖をまぶす。
7. 耐熱容器にきざんだチョコレートを入れ、電子レンジで溶かして残りのレモンピールをつける。冷蔵庫で冷やし固める。

鶏肉のレモン煮
煮物をさわやかな洋風に

材料（2人分）
- レモン…1/2個分（薄い輪切り）
- 鶏もも肉（皮つき）…200g（大きめの薄いそぎ切り）
- にんじん…1/2本（1cm厚さの輪切り）
- A｜白ワイン…1/2カップ
  ｜コンソメスープ…1/2カップ
- 塩・こしょう…少々
- バター…20g

作り方
1. 鶏肉に塩、こしょうをふり、下味をつける。
2. 鍋にバターの半量を溶かし、1とレモン、にんじんを並べる。Aを注いで塩、こしょうをふり、フタをして蒸し煮にする。
3. 2のフタを取り、煮汁が煮詰まったら残りのバターを加え、塩、こしょうで味を調えて器に盛る。

香酸柑橘

柑橘

酸っぱさと香りが食欲増進に

柑橘のなかでも酸味が強く、生食には不向きですが、薬味や風味づけに利用するものを香酸柑橘類と呼びます。すぐに思い浮かべるのはレモン、ライム、ゆずなどでしょう。多くは果汁をしぼってジュースにしたり、調味料として使ったりします。

日本の香酸柑橘は40種ほどありますが、すだち、かぼす、ゆずの3つで国内生産量の約8割を占めています。クエン酸が豊富で風邪予防、疲労回復に効果的。カリウム、ビタミンCも多く含まれています。

おいしいカレンダー

10 **11 12 1** 2 3
高知、徳島、愛媛（ゆず）
◆おいしい時期

生産地

愛媛／徳島／高知

ゆず
地 中国　**時** 11月下旬〜12月下旬

軸の切り口が枯れていない

きれいな円形で皮に厚みがある

果汁は料理の風味づけに、皮も生や乾燥で幅広い用途に使われる。タネなしの多田錦」が人気。

すだち
系 ゆずの近縁種　**地** 徳島県　**時** 7月中旬〜10月初旬

徳島県の特産で、焼きまつたけや焼き魚には欠かせない。皮がやわらかく食べられるので、皮ごとスライスして料理のアクセントに。

かぼす
地 大分県　**時** 8月下旬〜10月中旬

大分県の特産で、魚料理との相性がよい。熟すと黄色くなるが、青いうちのほうが香りが強い。

手荒れにはしぼり汁を

肌の潤い不足、ひび、あかぎれなどにゆずのしぼり汁を直接すり込もう。精油成分で肌がケアされ、血行も促されるため、少しずつ快方に向かう。ヒリヒリした痛みのあるときは量を減らして。

Data
学名：*Citrus* spp.
分類：ミカン科カンキツ属

保存法
ラップに包み冷蔵庫の野菜室に。使いきれない場合は皮の黄色い部分を薄くむいて冷凍も可能。

下準備
皮ごとしぼって利用することの多い香酸柑橘。皮の汚れが気になる場合は、熱湯に30秒程度浸けると表面の汚れが浮き出て簡単に落とせる。ひたしたら、すぐ冷水にとる。

食品成分表
（ゆず・果皮・生・可食部100gあたり）

エネルギー	50kcal
水分	83.7g
たんぱく質	1.2g
脂質	0.5g
炭水化物	14.2g
無機質　カルシウム	41mg
カリウム	140mg
ビタミン　C	160mg
E　α-トコフェロール	3.4mg
食物繊維総量	6.9g

品種群

ライム
- 時：10月上旬～11月下旬
- 地：ヒマラヤ地方

強い酸味と独特の香り。代表的な品種は「タヒチ」と「メキシカン」で、日本で多く流通しているのは後者。

柚香（ゆこう）
- 時：10月～11月
- 地：徳島県

大きく、いびつな見ためが特徴。あまり食用にされないが、皮はマーマレードなどに利用できる。分類上はゆずなどの仲間。

「リム」
- 地：メキシコ

レモンとライムを交配させたもの。ほどよい酸味と甘みで使いやすい。日本での知名度は低い。

じゃばら
- 時：12月中旬～翌2月下旬
- 地：和歌山県

名は「邪気をはらう」という意味。ゆずよりも多汁で、特有の香りがある。和歌山県北山村のみで栽培されている。

シークワーサー
- 系：タチバナ×コミカン（推定）
- 時：12月～翌1月
- 地：琉球諸島、台湾

沖縄の特産柑橘。ほどよい甘さを含み、ジュースなど加工品への利用も多い。別名ヒラミレモン。

橙（だいだい）
- 時：10月～12月
- 地：インド

強い酸味を活かして、ポン酢に利用されることが多い。春になると黄色い皮が緑色に戻った品種がある。分類上はサワーオレンジ。

シトロン類 citrons

皮が厚くおもに加工用

インド北東部が原産の柑橘。皮が極めて厚く、果汁の酸味が強いため基本的には生食には向かず、加工して利用されます。イタリアやギリシャで栽培されていますが、日本ではあまり普及していません。

仏手柑（ぶしゅかん）

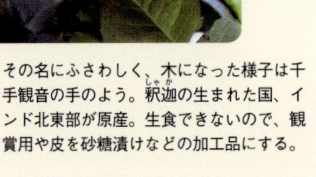

仏の手のような奇妙な柑橘

その名にふさわしく、木になった様子は千手観音の手のよう。釈迦の生まれた国、インド北東部が原産。生食できないので、観賞用や皮を砂糖漬けなどの加工品にする。

レシピ

ゆずきんつば
モチモチの皮で香りを包んだ

ゆずのくずきり風
ツルツルしたのどごしでさっぱりと

材料（2人分）
- ゆずの果汁…大さじ1
- ゆずの皮…1/4個分（せん切り）
- A
  - グラニュー糖…30g
  - 水…60cc
- B
  - グラニュー糖…20g
  - パールアガー（または粉寒天2g）…20g
- 水…350cc

作り方
1. 鍋にAを沸かし、粗熱をとり、ゆずの果汁と皮を入れて冷蔵庫で冷やす。
2. ボウルにBを入れ、泡立て器でよくまぜ合わせる。
3. 鍋に水を入れて沸騰させ、2を少しずつ加えながら、泡立て器でよくまぜて溶かす（粉寒天を使った場合は、弱火にかけてよく溶かす）。
4. 平たい容器（バットなど）の底を水でぬらして3を薄く流し、粗熱をとり、冷蔵庫で冷やし固める。
5. 4をくずきりのように細長く切り、器に盛って1をかける。

材料（9個分：15×15cmのトレイ1台分）
- ゆずの皮…1/2個分（1cm長さのせん切り）
- A
  - 水…1/2カップ
  - 粉寒天…2g
- B
  - 小倉あん（市販）…400g
  - 砂糖…40g
- C
  - 白玉粉…15g
  - 砂糖…10g
  - 水…80cc
  - 薄力粉…50g（ふるう）
- サラダ油…適量

作り方
1. 鍋にAを入れて火にかけ、木べらでまぜながら完全に溶かす。
2. 1にBを加え、まぜながら煮詰める。木べらで鍋底をこすり、鍋底が見えるくらいになるまで煮詰まったら火を止め、ゆずの皮を加えてまぜる。
3. トレイを水でサッとぬらして2を流し入れ、表面を平らにならし、粗熱をとって冷蔵庫で冷やし固める。
4. Cの材料で生地を作る。ボウルに白玉粉と砂糖を入れ、水を少しずつ加えて溶きのばす。薄力粉を加え、泡立て器でねばりが出るまでまぜ、15分ほどおく。
5. 3を9等分（5×5cm）に切る。フライパン（テフロン加工）にサラダ油を薄くひき、一面ずつ4の生地をつけながら弱火で焼く。

タネの黒焼き

タネにはリモネンやノミリンなど、リウマチや神経痛の痛みをやわらげる効果が見込める精油成分が含まれている。黒焼きを1日1～2g、水か白湯と飲む、またはスプーン2杯分を1/2カップの水か湯に溶かして1日1回飲むとよい。

日本における柑橘類の歴史

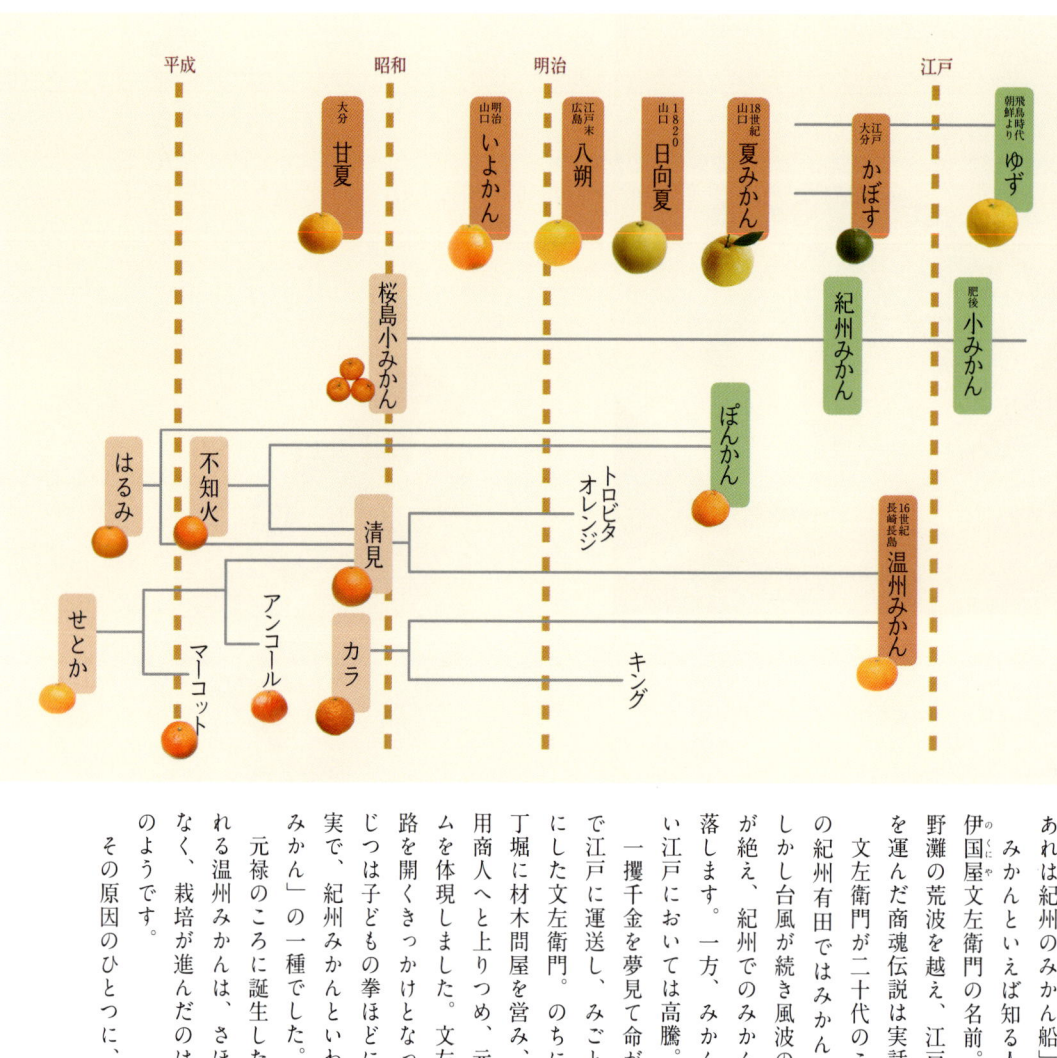

江戸 — ゆず（飛鳥時代 朝鮮より）／かぼす（江戸 大分）／夏みかん（18世紀 山口）／日向夏（1820 山口）／八朔（江戸末 広島）
明治 — いよかん（明治 山口）
昭和 — 甘夏（大分）／桜島小みかん
平成 — はるみ／不知火／せとか／マーコット／アンコール／カラ

小みかん（肥後）／紀州みかん／ぽんかん／トロビタオレンジ／清見／キング／温州みかん（16世紀 長崎長島）

「沖の暗いのに白帆が見える。あれは紀州のみかん船」

みかんといえば知る人の多い紀伊国屋文左衛門の名前。厳寒の熊野灘の荒波を越え、江戸にみかんを運んだ商魂伝説は実話なのです。

文左衛門が二十代のころ、地元の紀州有田ではみかんが大豊作。しかし台風が続き風波のため航路が絶え、紀州でのみかんの値は下落します。一方、みかんの届かない江戸においては高騰。一攫千金を夢見て命がけの航路を開くきっかけとなったみかんで江戸に運送し、みごと巨利を手にした文左衛門。のちに江戸は八丁堀に材木問屋を営み、幕府の御用商人へと上りつめ、元禄ドリームを体現しました。文左衛門が活躍した文左衛門。のちに江戸は八実で、紀州みかんといわれる「小みかん」の一種でした。

元禄のころに誕生したみかんは、じつは子どもの拳ほどに小さい果実で、紀州みかんといわれる「小みかん」の一種でした。

れる温州みかんは、さほど人気がなく、栽培が進んだのは江戸末期のようです。

その原因のひとつに、タネがないことが考えられます。子孫繁栄を願う社会では「タネなし」を忌み嫌ったようです。この時代に突然変異でできた温州みかんと同じように、日本原産のゆずの突然変異種として発見されました。八朔は瀬戸内海の因島で原木が確認されています。いよかんは明治になって長州萩で発見され、みかんと文旦類の交雑種ではないかと考えられています。そして甘夏（川野夏橙）は夏みかんが突然変異した品種です。

以上のように日本の柑橘類には偶然誕生した品種が多い一方で、近年はタンゴール類を中心に交配によっておいしい品種が育成されています。また、栽培技術の普及によって品質や収穫量が向上してきました。

柑橘類にも長い歴史が詰まっているのです。

夏みかんは、長州（山口）日本海の青海島に流れ着いた実を植えたのが起源とされ、日向夏は高鍋藩（宮崎）でゆずの突然変異種と

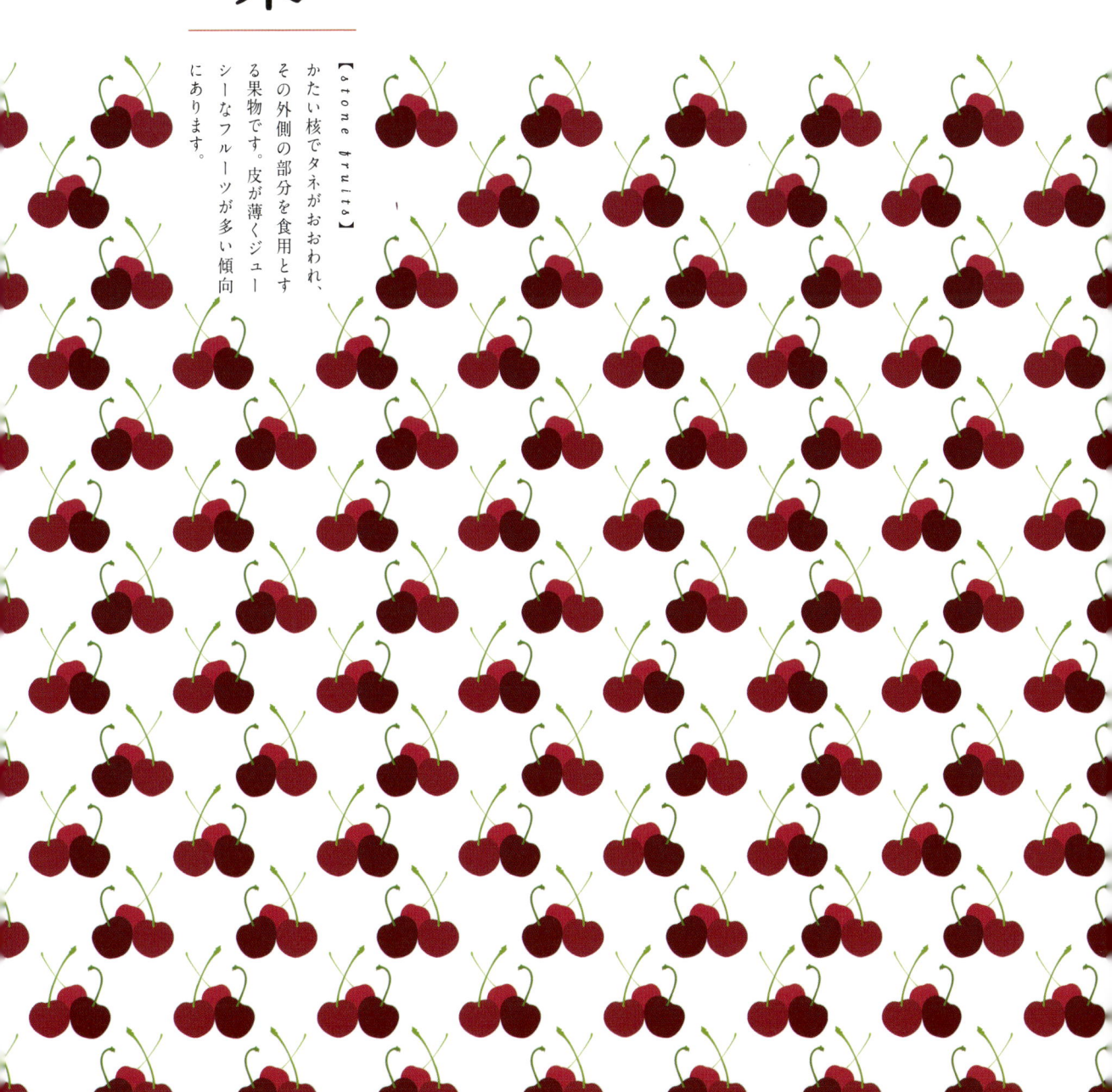

核果

【stone fruits】かたい核でタネがおおわれ、その外側の部分を食用とする果物です。皮が薄くジューシーなフルーツが多い傾向にあります。

核果

もも
peach

桃

女性にうれしい夏のフルーツ

日本への渡来は弥生時代といわれていますが、本格的な栽培を開始したのは明治時代。その後、品種改良を重ね、甘くジューシーでとろけるような日本の桃は、世界でも高く評価されるようになりました。

便秘解消に効く食物繊維のペクチン、冷え性の緩和や血行をよくする効果のある鉄分やマグネシウムが含まれる、女性の強い味方です。老化防止やガン予防の効果が期待できるカテキンも含まれています。傷つきやすいデリケートなフルーツなので、やさしく扱いましょう。

おいしいカレンダー
6 **7 8 9** 10 11
山梨、福島、長野
◆おいしい時期

生産地
長野 福島 山梨

枝についていた側よりも、お尻のほうが甘くなる。くし形に切って枝側から食べるのがおすすめ。

全体にうぶ毛がまんべんなく生えている

【食べごろ】
軸のまわりの青みがなくなったら。冷やしすぎると甘みが落ちてしまうので、食べる2〜3時間前に冷やす

「川中島白桃」
[時] 8月上旬〜9月中旬
[地] 長野県

しっかりとした果肉が特徴で、シャキッとした歯ごたえが魅力。晩生桃の代表種。

左右対称

おいしいコツ①
簡単な皮のむき方

鍋に湯を沸騰させて10〜30秒ほどひたせば、皮が一気につるっとむける。未熟なものの生食や、料理で丸ごと使いたいときにおすすめ。

Data
学名：*Prunus persica*
分類：バラ科サクラ属
原産地：中国
仏名：pêche
独名：Pfirsich

地方名：けもも（全国各地）
なつもも（静岡・三重一部）
むんまま（沖縄県一部）

保存法
熟していないものは新聞紙などにひとつずつ包み、常温で追熟。

下準備
皮の残留農薬が気になるようなら、流水でそっとなでるように洗う。

食品成分表
（白肉種・生・可食部100gあたり）
エネルギー……38kcal
水分……88.7g
たんぱく質……0.6g
脂質……0.1g
炭水化物……10.2g
無機質　カリウム……180mg
　　　　マグネシウム……7mg
ビタミン　E　α-トコフェロール
　　　……0.7mg
食物繊維総量……1.3g

美容効果
肌をきれいにし潤いを与えてくれる効果がある。葉はタンニンやマグネシウム、カリウムを含み、古くから「桃湯」で親しまれ、あせもや湿疹に効果的。

おいしいコツ②　タネのはずし方

外側からカットしていくと、どうしてもタネのまわりの果肉が残ってしまいもったいない。そんなときは、この方法を。

上のほうを2cmほどカットし、スプーンでタネのまわりをグルッと一周させると、簡単にタネを取り出せる。

加工食品

ドライ
砂糖に漬けて乾燥させたもの。味が凝縮されて噛むほどに甘みが広がる。そのままつまむほか、アイスクリームに添えても。

レシピ

黄桃とタピオカのココナッツ汁粉
あざやかな色が映える簡単エスニックデザート

材料（2人分）
- 黄桃（缶詰）…1切れ（くし形に切り、冷やす）
- タピオカ（小粒）…20g
- A
  - ココナッツミルク…1/2カップ
  - 牛乳…1/4カップ
  - 砂糖…15g
- こしあん（市販）…60g
- ミント（飾り用）…適宜

作り方
1. 鍋にたっぷりの湯を沸かしてタピオカを入れ、透き通るまでゆでる。ザルに上げて水気をきり、冷水にさらす。
2. 別鍋にAを入れて火にかけ、砂糖を溶かして火を止める。粗熱をとり冷蔵庫で冷やす。
3. 水気をきったタピオカを器に盛り、2を注ぐ。黄桃とこしあんをのせ、ミントを飾る。

桃のゼリードリンク
シロップまでおいしく楽しむ

材料（1人分）
- 白桃（缶詰）…1個（120g）
- 缶詰のシロップ…1/2カップ
- A
  - 水…小さじ2
  - 粉ゼラチン…2g
- B
  - 水…大さじ4
  - レモン汁…小さじ2
  - はちみつ…5g

作り方
1. 小さめの耐熱容器にAの水を入れ、粉ゼラチンをふり入れてふやかし、電子レンジで約30秒加熱して溶かす。
2. シロップに1を加えてまぜ、冷蔵庫で冷やし固める。
3. 白桃とBをミキサーにかける。
4. 2をフォークでほぐしてグラスに入れ、3を注ぐ。

レシピ

食感と風味を活かした 桃のサラダ ミント風味

材料（2人分）
- 白桃…1個（皮をむき、ひと口大に切る）
- レモン汁…1/2個分
- A
  - オリーブ油…大さじ1/2
  - ミント…2〜3枚（みじん切り）
- ミント（飾り用）…適宜

作り方
1. 白桃にレモン汁をかける。
2. 1にAを加えて和え、冷蔵庫でよく冷やして器に盛り、ミントを飾る。
   ※甘くない桃・少しかための桃を使うとよい。かたい桃の皮は湯むきするとむきやすい

空気を含んだ軽い生地が魅力 桃のセミフレッド

材料（直径18cmの丸型1台分）
- 白桃…2個（皮をむき、大きめのくし形切り）
- A
  - 白ワイン…3/4カップ
  - 水…3/4カップ
  - グラニュー糖…75g
  - レモン汁…1/2個分
- B
  - 生クリーム…1カップ
  - グラニュー糖…30g
- C
  - プレーンヨーグルト…1/2カップ
  - 桃のリキュール…大さじ1
- ミント（飾り用）…適宜

作り方
1. 丸型の底にラップをぴったりと敷いておく。
2. 鍋にAを入れて火にかけ、シロップを作る。桃の果肉と皮を加えてひと煮立ちさせ、火からおろしてボウルに移し、粗熱をとって冷蔵庫で冷やす。
3. 2の桃1個分を薄いくし形に切り、1の型に敷く。皮は除き、残りの桃はみじん切りにする。
4. ボウルにBを入れ、氷水に当てながら八分立てにし、Cと2のシロップ1/2カップ、3のみじん切りの桃を加えてさっくりとまぜ合わせる。
5. 型に4を流し入れ、平らにならし、冷凍庫で冷やし固める。
6. 皿に5をひっくり返して盛り、型とラップをはずし、まわりにミントを飾る。

葉の活用法
葉には炎症を抑える働きがあるといわれ、リンパ腺炎には"つき汁"を貼るとよい。生の葉100gほどをすり鉢でつぶしながらつき、出た汁に酒少々を加えてまぜ、ガーゼにのばしてリンパ腺に貼る。乾いたら取り替える。あせもやおできには生の葉を陰干しして乾燥させたもの100〜200gを布袋に詰め、浴槽に入れ水からひたして沸かし、入浴を。

品種群

「清水白桃」
- 時：7月上旬～8月下旬
- 地：岡山県

皮はほぼ白色、形がよく上品な見ため。果肉はきめ細かく、ジューシー。日持ちしないので早めに食べたい。

「天津桃」
川から流れてどんぶらこ

明治時代に中国から伝来した品種。頭のとがった特徴的な形は、まるで桃太郎の絵本に描かれている桃のよう。その味はなんとも酸っぱく、食感もガリガリしている。塩をかけて食したり、サラダやジャムにしたりするのに向いている。

「はなよめ」
- 系：日川白鳳突然変異
- 時：6月下旬～7月初旬
- 地：山梨県

「日川白鳳」の突然変異。極早生品種で6月には収穫が始まる。果実は小さめで強い甘みを持つ。

「白鳳(はくほう)」
- 系：白桃×橘早生
- 時：7月中旬～8月上旬
- 地：神奈川県

きめ細かくなめらかな口当たり。酸味が少なく、豊かな甘みを持つ。数ある品種のなかでも人気が高い。

ネクタリン
- 時：6月下旬～9月
- 地：トルキスタン地方

桃の変種で表面のうぶ毛がないものの総称。一般的な桃よりも酸味が強い。「油桃」とも。

「蟠桃(ばんとう)」
- 時：7月中旬～8月中旬
- 地：中国

中国原産の品種で『西遊記』にも登場する。形が非常にいびつで不格好だが、甘くてねっとりとして濃厚な食味。

「ちよひめ」
- 系：高陽白桃×さおとめ
- 時：6月上旬～中旬
- 地：茨城県

皮は赤と白のまだら模様で、やや扁平な形が特徴。甘みや香りはひかえめだが、早い時期から食べられる。

「黄金桃(おうごんとう)」
- 系：川中島白桃×不明
- 時：8月上旬～9月中旬
- 地：長野県

川中島白桃から偶然発見された、皮、果肉ともに黄色い品種。白桃と違ったトロッとした食感。缶詰に利用される黄桃とは別物。

「日川白鳳」
- 系：白鳳突然変異
- 時：6月下旬
- 地：山梨県

白鳳の突然変異で旬の早い早生の代表的な品種。皮が全面に色づくのが特徴で、さっぱりしたさわやかな甘みと香り。

核果

すもも
plum
李

栄養バランスのよい優良フルーツ

桃に比べ少し酸味の強いすももには多くの種類がありますが、日本すももと西洋すもも（プルーン）に大別されます。

プラムは果汁が多く、適度な甘みがあり、カリウムが豊富で利尿効果もあり、高血圧予防によいとされています。

プルーンはミネラル、ビタミンをバランスよく含んでおり、とくに乾燥させたものはビタミンB群が豊富です。鉄分を筆頭にカリウム、カルシウム、亜鉛、食物繊維なども多く、意識して食べたいフルーツです。

おいしいカレンダー

5　6　7　8　9　10
山梨、長野、和歌山
◆おいしい時期

生産地
長野 
山梨
和歌山

Data
学名：Prunus spp.
分類：バラ科サクラ属
原産地：（日本すもも）中国
　　　　（西洋すもも）コーカサス地方
仏名：prune
独名：Pflaume

地方名：いくり（四国・九州一部）
すうめ（長野県一部、中国一部）
すぽんぽ（青森県一部）

保存法
熟していないものは新聞紙などに包み、常温で追熟。乾燥に弱いので、風の当たらない場所に。

食品成分表（にほんすもも・生・可食部100gあたり）
エネルギー……………46kcal
水分……………………88.6g
たんぱく質……………0.6g
脂質……………………1.0g
炭水化物………………9.4g
無機質　カリウム……150mg
ビタミン　A　β-カロテン当量
　　　　　　　　　……79μg
　　　　　葉酸………37μg
食物繊維総量…………1.6g

💧美容効果
プルーンに含まれるソルビトールという糖質には整腸作用があるので、便秘解消に効果的。また鉄分が貧血予防、カルシウムが骨粗しょう症予防と女性の味方になる栄養素に富む。

皮の色があざやかで、ハリがある

表面に白い粉（ブルーム）がついている

「大石早生（わせ）」
系：フォーモサ×不明
時：5月下旬〜7月上旬
地：福島県

国内でもっとも生産量が多く、酸味と甘みの調和のとれた味。皮は熟すと赤くなる。

加工食品

ドライ
カットした果実をそのまま乾燥させたもの。ほどよい酸味があり、ケーキなどの甘いお菓子に使われる。

ドライプルーン
洗浄した果実を2〜3日かけて機械で乾燥させる。生のものより効率的に栄養素を摂れる。

鉄分をチャージするパワードリンク　プルーンバナナジュース

材料（1人分）
ドライプルーン（タネ抜き）…2個（ざく切り）
バナナ…1本（ざく切り）
牛乳…3/4カップ
きび砂糖…小さじ2

作り方
すべての材料をミキサーにかけ、グラスに注ぐ。

さわやかな甘みは料理にも　すももジャム

材料・作り方（作りやすい分量）
すもも500gをタネ、皮を残したまま大きめの鍋に入れ、砂糖50gをすもも全体にまぶし、10分おく。そこにレモン汁大さじ1を加えて強火にかけ、沸騰してきたら中火にして砂糖100gを加え、アクを取りながら煮込む。タネと皮を取り出す。10分ほどたったら、さらに砂糖100gを加えて30分煮込む。

レシピ

ラムプルーンのココナッツケーキ
ラム酒の香りがしっとりした生地に合う

材料（約20cm長さのパウンド型1台分）
- ドライプルーン（タネ抜き）…100g（1cm角に切る）
- ラム酒…適量
- A
  - 卵…2個
  - グラニュー糖…60g
  - バター（食塩不使用）…80g（溶かす）
  - ココナッツパウダー…20g
- B
  - 薄力粉…100g
  - ベーキングパウダー…小さじ1
  - （合わせてふるう）

作り方
1. プルーンはひたひたのラム酒に漬けて、ひと晩おく。
2. パウンド型にクッキングペーパーを敷いておく。
3. ボウルにAの卵とグラニュー糖を入れ、泡立て器でよくまぜ合わせ、バターとココナッツパウダーを加えてさらによくまぜる。
4. 3にBを加え、粉気がなくなるまでまぜ、2の型に流し入れる。1を上面にちらし、170℃に予熱したオーブンで40〜50分焼く。竹串を刺し、なにもつかなければ焼きあがり。

サケの冷製 プラムヨーグルトソース
たっぷりの甘酸っぱいソースが味の決め手

材料（2人分）
- プラム…1個（タネを除き、1cm角に切る）
- サケ（切り身）…2切れ
- A
  - 塩・こしょう…少々
  - 白ワイン…大さじ1
- B
  - プレーンヨーグルト…3/4カップ
  - トマトケチャップ…大さじ1
  - パセリ（ドライ）…小さじ1/4
  - ディル（ドライ）…小さじ1/4
  - ケッパー…5粒（みじん切り）
  - レモン汁…1/4個分
  - 塩・こしょう…少々
- レモン…2枚（輪切り）

作り方
1. サケはAの塩、こしょうをし、耐熱皿にのせ、白ワインをふってラップをかける。電子レンジで約3分加熱し、冷ましておく。
2. ボウルにBを入れてまぜ合わせる。約2/3量のプラムも加えてサッとまぜ、ソースを作る。
3. 皿に2を敷き、1を盛る。レモンをのせ、飾り用に取っておいたプラムを飾る。

品種群

「太陽」
- 時：8月中旬
- 地：山梨県

大玉で、果肉は乳白色。熟してくると果肉に弾力が出てきて、甘みもグッと増す。比較的、日持ちもよい。

「秋姫」
- 時：9月上旬～下旬
- 地：秋田県

果実が大きく、すっきりとした甘さが持ち味。晩生種。

「シンジョウ」
- 時：6月中旬～7月上旬
- 地：和歌山県

比較的新しい品種のため生産量がとても少ない。熟度が進むにつれ皮に紅色が差し、糖度もグッと上がる。

「花螺李（がらり）」
- 時：5月下旬～6月中旬
- 地：台湾

酸味が強いため生食にはあまり適さず、果実酒やジャムなどに向く。国内では奄美大島や沖縄で栽培されている。

「ソルダム」
- 時：7月下旬～8月上旬
- 地：アメリカ

果皮は緑がかった独特の紫色だが、果肉は濃い紅色。甘みとほどよい酸味を兼ね備える。

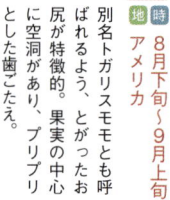

「ケルシー」
- 時：8月下旬～9月上旬
- 地：アメリカ

別名トガリスモモとも呼ばれるよう、とがったお尻が特徴的。果実の中心に空洞があり、プリプリとした歯ごたえ。

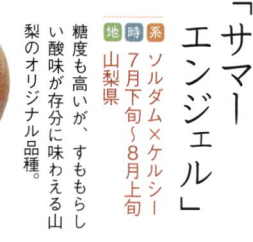

「峰満イエロー（ほうまん）」
- 系：秋姫突然変異
- 時：9月下旬～10月上旬
- 地：山形県

一見あんずのような、皮も果肉も黄色い品種。さっくりとした歯ごたえ。

「紅りょうぜん」
- 系：マンモス・カージナル×大石早生
- 時：7月初旬～中旬
- 地：福島県

大きなハート形の果実。皮のまわりは酸っぱいが、なかは甘くジューシー。

「サマーエンジェル」
- 系：ソルダム×ケルシー
- 時：7月下旬～8月上旬
- 地：山梨県

糖度も高いが、すももらしい酸味が存分に味わえる山梨のオリジナル品種。

プルーン
脂肪分、コレステロールゼロの手軽な栄養源

プルーンの歴史は紀元前までさかのぼり、現在は世界生産量の7割がカリフォルニアで栽培される。健康効果が高く、よく知られているのは鉄分による貧血予防、造血作用。若返りのビタミンとされるビタミンEも多く、細胞を若々しく保つ効果が期待できる。肉のしっとり感と風味を長く保つ機能があることから、欧米では乾燥プルーンを料理に多用する。

「サンタローザ」
- 時：7月上旬～下旬
- 地：アメリカ

世界各地で広く栽培されている日本すもも。近年の品種に比べ、甘みは少ないが素朴な味わい。

核果

あんず
apricot

カロテンでアンチエイジング

なんといっても、フルーツのなかではカロテンの含有量が群を抜いているのが魅力的。生はピーマンよりも干したものに至ってはほうれん草よりも多く、体内で強い抗酸化作用を発揮し、脳梗塞や心筋梗塞、老化の予防効果が期待されます。

また、リンゴ酸やクエン酸などの有機酸を多く含み、食欲増進、便秘解消にも効果あり。果肉に含まれるアミノ酸の一種、ギャバは脳のストレスを軽減し、リラックス効果があると注目されています。

おいしいカレンダー
4 5 **6 7** 8 9
長野、青森、福島　●おいしい時期

生産地
青森／長野／福島

加工食品

ドライ（トルコ産）
2つ割りにしてタネを除き乾燥させたもの。サラダなどに加えれば、色や歯ごたえのアクセントに。

あんずのタネの中身（仁）を取り出したものを杏仁という。中国料理のデザートとしてポピュラーな杏仁豆腐に使われるほか、薬や化粧品にも利用されている。

- 深くあざやかなオレンジ色
- ふっくらと丸い
- 皮にハリ、ツヤがある

杏

Data
- 学名：*Prunus armeniaca*
- 分類：バラ科サクラ属
- 原産地：中国北部
- 仏名：abricot
- 独名：Aprikose

地方名：あんずうめ（北海道・東北・北陸・近畿一部）
からうめ（山形・福島・山梨県一部）

保存法
冷蔵庫の野菜室に保存。日持ちしないので、早めに食べる。

食品成分表（生・可食部100gあたり）
- エネルギー　37kcal
- 水分　89.8g
- たんぱく質　1.0g
- 脂質　0.3g
- 炭水化物　8.5g
- 無機質　カリウム　200mg
- ビタミン　A　β-カロテン当量　1500μg
- 　　　　　E　α-トコフェロール　1.7mg
- 食物繊維総量　1.6g

美容効果
カロテンは体内でビタミンAとして働くので目や皮膚を健康に保ち、肌荒れや冷え性に効く。ただし干しあんずはエネルギーが多いので、食べすぎは禁物。

レシピ

酸味と甘みが絶妙で歯ごたえも楽しめる
あんずとごぼうのピリ辛バルサミコ炒め

材料（4人分）
- ドライあんず…100g（1cm幅に切る）
- ごぼう…200g（5cm長さに切り、下ゆでし、斜め薄切り）
- にんにく…1かけ
- 赤唐辛子…1/2本（タネを取り、輪切り）
- オリーブオイル…大さじ2
- バルサミコ酢…大さじ4
- 塩…少々
- ルッコラ…適量

作り方
1. フライパンにオリーブオイルとにんにくを入れて熱し、香りが出たらあんず、ごぼう、赤唐辛子を加えて炒める。バルサミコ酢を加えて煮詰めながら炒め、塩で味を調える。
2. 皿に1を盛り、ルッコラを添える。

核果

うめ

Japanese apricot

梅

酸っぱい成分で活力を取り戻す

梅と聞いていただけで唾液が分泌されるほど、ほかのフルーツとは異なる強い酸味が特徴。日本に伝えられたのは奈良時代といわれています。

主成分のクエン酸は、エネルギー代謝を高めて疲労回復効果があるだけでなく、殺菌作用も強く、腐敗防止や食中毒予防にも役立つ優れもの。昔から日の丸弁当や梅のおにぎりが存在するのもうなずけます。

梅干しや梅酒、梅シロップや梅ジャムなど保存食として幅広く利用されています。なお青梅には毒性があるので、生食は避けましょう。

おいしいカレンダー

3 4 **5 6** 7 8
和歌山、群馬、山梨
◆おいしい時期

生産地

山梨
群馬
和歌山

「南高」なんこう

大きさがそろっている

あざやかな緑色で傷がない

地：和歌山県
時：6月中旬～下旬
系：内田梅×不明

日本一の梅の産地、和歌山県のブランド品種。果実は大きく、果肉はやわらかい。おもに梅干しや梅酒に利用される。

Data
学名：*Prunus mume*
分類：バラ科サクラ属
原産地：中国
仏名：mume, prune japonaise
独名：Japanische Aprikose

地方名：うめこ（山形県一部）

保存法
日持ちしないので、すぐに利用する。購入後はすぐに袋から出し、冷暗所に。

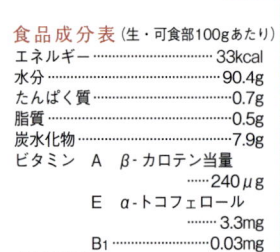

食品成分表（生・可食部100gあたり）
エネルギー……33kcal
水分……90.4g
たんぱく質……0.7g
脂質……0.5g
炭水化物……7.9g
ビタミン A β-カロテン当量
　　　　　　……240μg
　　　　E α-トコフェロール
　　　　　　……3.3mg
　　　　B1……0.03mg
食物繊維総量……2.5g

美容効果
クエン酸には整腸作用、新陳代謝促進作用があるため、皮膚のハリやツヤの維持、老化防止効果も期待できる。

痛みには梅酒湿布

昔から民間療法で腰痛、神経痛、リウマチに梅が利用されてきた。梅酒をタオルなどにひたし、痛むところに1日数回湿布をするというもの。

血流をよくするコツ

梅干しは血液を弱アルカリ性にし、血液をサラサラに。加熱すると効果は上がり、塩分を気にして塩抜きするとダウンしてしまう。

◆歴史

昔から"梅はその日の難のがれ"といわれるほど、病気の予防や健康増進に欠かせない。戦国時代には兵糧丸（携帯用食糧）として梅干しの果肉を丸薬状にしたものが作られ、戦地で、のどをうるおすために使った。また、どろ水を飲んだときの病気の予防薬としても重宝された。

基本の白梅干し（少量漬け）

少量で漬けられる梅干し入門編として、手軽に保存袋で1kg作る方法を紹介。ポイントは梅に傷をつけないことです。

材料
黄熟した梅…1kg
粗塩…180g（梅の18%）
焼酎（35°）…1/4カップ

1. 熟していないものは軽く干す

2. 洗ってヘタを取る

梅を流水でやさしく洗い、ザルにとって水気をきる。その後、梅を傷つけないように注意しながら竹串でヘタを取る。

3. 焼酎、塩を入れる

焼酎を入れ、全体をしめらせたら塩を加え、まんべんなくからめる。

4. 漬け込む

保存袋の口をしっかり閉じ、1日4、5回袋をゆすって梅酢を上げてゆく。

梅酢があがった様子。

5. 土用干し

漬け込みながら梅雨明けを待つ。晴天が続く日を選び、ザルに梅を並べて干す。1日目は途中で裏返し、夕方に取り込み再び梅酢に漬ける。2日目以降は、取り込まずに干し続ける。つまんでみて、果肉が皮から簡単に離れる感触があれば、その翌日が干しあがり。煮沸消毒した密閉できるびんに保存する。

白梅酢 — 捨てるなんてもったいない万能調味料

あがった梅酢は、色をつけずに塩分や梅の風味を利用したいときの最適な調味料になる。ご飯にまぜて炊く、酢の物やマリネ、あるいは塩分が強いのでしょうゆ代わりにも。

おいしいコツ

あがった梅酢にはちみつを加えると、やさしい甘さのはちみつ梅干しに。

レシピ

梅シロップ
夏をのりきる疲労回復ドリンク

材料（作りやすい分量）
青梅…1kg
氷砂糖…1kg

作り方
1. 梅は水洗いして竹串でヘタを取り、水気をていねいにふき取る。
2. 竹串5〜6本を束ね、梅全体をつついて穴をあける。
3. 熱湯消毒したびんに交互に梅、氷砂糖と入れ、氷砂糖で終わらせる。冷暗所に置き、ときどきゆする。
4. 約1か月たったら梅を取り出し、シロップは小さいびんに移して冷蔵保存する。炭酸水で割って飲むなど、使い方はお好みで。取り出した梅は砂糖漬けなので、きざんでドリンクにまぜたり、冷やしてそのまま食べたりするのがおすすめ。

イカの梅肉和え
サッとできる簡単おつまみ

材料（2人分）
梅干し…2個
　（タネを除き、細かくきざむ）
A｜しょうゆ…小さじ1
　｜みりん…小さじ1/2
イカ（胴のみ）…1パイ
　（サッと塩ゆでして粗熱をとり、短冊切り）
三つ葉（飾り用）…4本
　（5cm長さに切る）

作り方
1. 梅干しはAとまぜ合わせる。
2. 1とイカを和えて器に盛り、三つ葉を飾る。

塩梅(あんばい)をみる

"塩梅をみる"という言葉は、塩と梅酢の味加減がおいしさの決め手だった昔の調理の味つけ加減をいう。また、体の具合、つまり"健康状態のよしあし"をもさす言葉でもある。

梅の手作り加工品

「梅酒」

常備酒の定番です。コクのある梅酒にしたい場合は、梅の量を多めにするとよいでしょう。長く漬けておくほど深い味わいになります。

材料
青梅…1kg
氷砂糖…500g
ホワイトリカー（35°程度）…1.8ℓ

1. 流水でていねいに洗う。ザルに上げてよく水気をきったら、竹串でヘタを取る。 
2. 清潔なふきんで、ひとつずつ残っている水気をふき取る。 
3. 熱湯消毒した保存びんに、梅、氷砂糖を入れる。  
4. ホワイトリカーを注ぐ。 
5. しっかりフタを閉め、温度変化の少ない冷暗所に保存。

3か月以上たてば飲めるようになる。

「カリカリ梅」

市販品でよく見かけますが、手作りでも短期間でおいしくできます。青く、しっかりかたい小梅を選ぶこと。

材料
未熟の小梅…2kg
粗塩…200g（梅の10%）
焼酎（35°）…1/4カップ

1. 小梅は流水でていねいに洗い、たっぷりの水に約2時間ひたしてアクを抜く。その後、上記「梅酒」の1と同様にヘタを取り、清潔なガーゼで水気をよくふき取る。 
2. 大きめのボウルに小梅を移し、焼酎を入れる。焼酎は塩のなじみをよくし、殺菌する効果がある。 
3. 焼酎が全体に行き渡ったら、塩を入れる。強く押し込むようにして、3分ほどしっかりもみ込む。 
4. 透き通るようなきれいな緑色になったら、もみ込み完了。これによりタネ離れがよくなり、カリッとした歯ごたえに仕上がる。 
5. しっかり熱湯消毒をした保存容器に小梅とボウルに残った塩を入れ、紙ブタをして冷暗所に置く。翌日から1日2、3回程度容器をゆする。1週間後、容器を傾け白い梅酢が出ていれば漬けあがり。

小梅のみを、煮沸消毒したびんなどに分けて冷蔵保存。すぐに食べられる。

品種群

「七折小梅」
地：愛媛県
時：5月下旬～6月上旬

酸味がマイルドで、香りのよい小梅。皮は美しい澄んだ黄色。まろやかで味のよい梅干しができる。

「鶯宿」
地：徳島県
時：5月下旬～6月上旬

果肉が厚くかたいので梅酒やカリカリ梅に最適。小梅に続いて収穫できる早生種。

「白加賀」
地：徳島県
時：6月下旬

関東地方を中心に、江戸時代から栽培される実梅の代表品種。果肉が厚く、おいしい梅干しができる。

「パープルクイーン」
系：白王突然変異
地：和歌山県
時：5月下旬～6月上旬

梅の里、和歌山県紀南地方の新しい品種の小梅。梅酒やジュースを作ると、あざやかなピンク色になる。

「竜峡小梅」
地：長野県
時：5月下旬～6月中旬

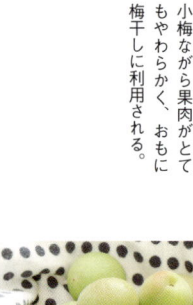

「竜峡」とは天竜川の谷間の意。数ある梅の品種のなかでも、かなり小ぶり。梅酒に最適。

「古城」
地：和歌山県
時：5月下旬～6月上旬

同じ和歌山県の大粒品種「南高」よりも果実がかたくしっかりしており、梅酒や梅ジュースに向く。

「白王」
系：甲州最小選抜系統
地：和歌山県
時：5月下旬～6月上旬

小梅ながら果肉がとてもやわらかく、おもに梅干しに利用される。

核果

さくらんぼ
cherry

桜桃

季節を感じるキューティフルーツ

これが店頭に並び始めると、季節は初夏。赤くてかわいい姿やさわやかな味は人気ですが、1日の寒暖差が少ないと甘くなりにくいため産地がかぎられ、また雨に弱く栽培に手間がかかるので国産は少し高値になります。

リンゴ酸やクエン酸、ブドウ糖と果糖がバランスよく含まれており、疲労回復、美肌作用、高血圧予防効果が期待できます。赤や紫の色はポリフェノールの一種、アントシアニンという色素。疲れ目の回復、抗酸化作用を発揮して生活習慣病や老化の原因を抑える働きがあります。

おいしいカレンダー
4 ⑤ ⑥ ⑦ 8 9
山形、山梨、青森　●おいしい時期

生産地
青森／山形／山梨

軸が新鮮な緑色でシャキッとしている

皮にハリ、光沢があり、黒ずみがない

パックに入っているものは、下のほうが傷んでいることがあるので注意

明治時代初期にアメリカから輸入され、栽培が始まった。皮の紅色があざやか。

「高砂」
系：イエロースパニッシュ×不明
時：6月初旬～中旬
地：アメリカ

💧 **美容効果**
葉酸という、水溶性ビタミンに分類される生理活性物質が多く含まれる。妊娠中の女性に、とくに必要とされる。

Data
学名：*Prunus* spp.
分類：バラ科サクラ属
原産地：西南アジア地方
仏名：cerise
独名：Kirsche
別名：セイヨウミザクラ（西洋実桜）、カンカオウトウ（甘果桜桃）

下準備
ボウルに入れて流水に5～10分程度つけておく。その後、ふり洗い。

保存法
低温に弱いので密封して冷蔵庫の野菜室に保存。収穫後2、3日までおいしく食べられる。

食品成分表
（国産・生・可食部100gあたり）
エネルギー	64kcal
水分	83.1g
たんぱく質	1.0g
脂質	0.2g
炭水化物	15.2g
無機質　カリウム	210mg
ビタミン A　β-カロテン当量	98μg
葉酸	38μg
食物繊維総量	1.2g

レシピ
食卓を華やかに演出する さくらんぼのワインゼリーシャンパン風

材料（2人分）
さくらんぼ…10粒
（軸を取り、切り込みを入れてタネを除く）
A｜グラニュー糖…30g
　｜水…120cc
　｜白ワイン…150cc
B｜水…大さじ1と1/3
　｜粉ゼラチン…4g

作り方
1. 鍋にAを入れて火にかけ、グラニュー糖を溶かしてボウルに入れる。白ワインを注いでまぜ合わせ、さくらんぼを加えて冷蔵庫で約1時間味をなじませる。
2. Bの水に粉ゼラチンをふり入れ、ふやかしておく。
3. 1の半量を鍋に入れてひと煮立ちさせ、2を加えて溶かす。1のボウルに戻し入れ、氷水に当てながらとろみがつくまで冷やす。
4. 小さめのボウルに3を約1/2カップ入れ、氷水に当てながら泡立て器で泡立てる。
5. 3をグラスに流し入れて4の泡をのせ、冷蔵庫で冷やし固める。

レシピ

表面はサクサクで生地はしっとり ダークチェリーのアーモンドケーキ

材料（直径18cmの底の抜ける丸型1台分）

ダークチェリーの缶詰…1缶

A
- アーモンドパウダー…50g
- 薄力粉…30g（ふるう）
- グラニュー糖…30g
- バター（食塩不使用）…20g（1cm角に切る）

B
- バター（食塩不使用）…120g（室温に戻す）
- グラニュー糖…120g
- 卵…2個（室温に戻す）
- 缶詰のシロップ…40cc（室温に戻す）

C
- アーモンドパウダー…50g
- 薄力粉…120g
- ベーキングパウダー…小さじ1
（合わせてふるう）

作り方

1. 型の底と側面にクッキングペーパーを敷いておく。
2. Aの材料（作りやすい分量）でクランブルを作る。ボウルにアーモンドパウダー、薄力粉、グラニュー糖を入れ、泡立て器でまぜる。バターを加え、指でバターをつぶしながら、ポロポロのそぼろ状にして冷蔵庫に入れておく。
3. 別のボウルにBのバターを入れ、泡立て器でまぜる。グラニュー糖を加え、白っぽいクリーム状になるまですりまぜたら、卵を溶きほぐして分離しないように少量ずつ加え、その都度よくまぜる。シロップも同様に少量ずつ加えてまぜる。アーモンドパウダーを加えてまぜ、Cを加え、ゴムベラで粉気がなくなるまでさっくりとまぜ合わせる。ケーキ生地のできあがり。
4. 1の型に3を半量流して表面を平らにならし、水気をきったダークチェリーを並べる。残りの生地を流して平らにしたら、2のクランブルを全体にちらす。
5. 180℃に予熱したオーブンで約50分焼き、竹串を刺し、なにもつかなければ焼きあがり。型からはずして粗熱をとる。

透ける果肉が美しい さくらんぼのくず巾着

材料（8個分）

さくらんぼ…8粒

A
- くず粉…25g
- 砂糖…30g
- 水…1カップ

キルシュ（さくらんぼのブランデー）…小さじ1

作り方

1. 鍋にAを入れ、くず粉が溶けるまでよくまぜる。
2. 1を弱火にかけ、木べらで透明になるまで練りまぜ、キルシュを加えてサッとまぜる。
3. 小さめの容器にラップを敷き、2を流し入れ、さくらんぼを軸が出るように押し込む。巾着のように包んで上部を輪ゴムでしばる。氷水に浮かべて冷やし固め、固まったらラップをはずして器に盛る。

睡眠をコントロール

果実にメラトニンが多く含まれることが発見された。メラトニンは睡眠の周期をコントロールする神経ホルモンの一種で、睡眠を促進し、時差ボケを和らげるとされる。眠れない夜はグラス1杯のさくらんぼジュースを。

品種群

「紅さやか」
地：山形県
時：6月上旬～中旬
系：佐藤錦×セネカ

皮は熟すにつれ、朱色から紫黒色になり甘みも増す。大粒でやわらかい。

「ナポレオン」
詳細な来歴は不明だが、日本には明治初期に輸入が開始された。芳香に富み、豊産。

「セネカ」
ニューヨークの農業試験場で育成され、1924年に発表された早生種。糖度はひかえめでさっぱり。

「黄玉（きだま）」
1842年にオハイオ州で育成され、日本には明治初期に輸入された。皮は黄色でやわらかく多汁。

「大将錦」
地：山形県
時：7月上旬～中旬

500円玉ほどの大粒品種。果肉がしっかりしているため、比較的日持ちがよい。

「紅秀峰」
地：山形県
時：7月初旬
系：佐藤錦×天香錦

果肉がややかためで、特有の歯ごたえがある。酸味が少ない。

「佐藤錦」

海外にも知られる日本を代表する品種

大正時代に佐藤栄助氏の15年以上もの長きにわたる努力により誕生した本種。甘さと保存性を備えた品種が存在しなかった当時の日本で、一躍人気の定番品種となった。そして驚くべきことに、90年以上たった現在も新品種の追随を許さず、国内トップブランドの地位を守り続けている。

サワーチェリー
地：ヨーロッパ東南部
時：5月～7月

酸果桜桃という酸味の強い品種の総称。缶詰やジャムなどの加工品に利用される。アメリカからの輸入品のほか、庭木の暖地桜桃もこの仲間。

アメリカンチェリー
地：アメリカ
時：5月下旬～8月上旬

アメリカから輸入される甘果桜桃の総称。ダークチェリーとも呼ばれる。大粒で酸味が少ない。

虫歯予防にも

さくらんぼに多く含まれるソルビトールは、さわやかですっきりとした甘さの甘み成分。またほかの糖類と異なり、ソルビトールでは虫歯菌が育ちにくいため、虫歯予防の甘味料として知られている。

江戸時代の梅干し

保存食として有名な梅干しは、奈良時代からその効能が医薬書に記され、鎌倉時代には縁起物とされました。

大分県日田市の梅干博物館には推定430年ほどたった梅干しが保存されており、日本最古と考えられています。写真は約400年前の梅干しで、料理研究家の藤巻あつこ先生が保存しているもの。和歌山城の兵糧だったと伝えられ、木札にもそう記されています。

紀州和歌山城は、徳川御三家の紀州の殿様が代々400年以上にわたって治めた地の城。明治の廃藩置県で廃城となり、兵糧倉から世に出たものと思われます。

先生いわく「死ぬまでにはいちど食べとかなきゃと思って、ひとつ食べてみたの。もう果肉はパサパサしてたけど、梅の風味がちゃんとあったのよ」

梅の品種改良や栽培が本格化したのは江戸の初めごろ。庶民の食卓にも登場するようになり、大晦日や節分の夜には梅干しを入れた器に熱いお茶を注いだ「福茶」を楽しみ、正月には黒豆と梅干しのおせち「喰い積み」を祝儀物として食べました。そして紀州徳川家五代目吉宗が、やせ地を利用した梅栽培を奨励。つまり前述した藤巻家梅蔵のものは、これ以降の梅干しだと推察できます。

戦国時代の武士は、腰の兵糧袋に「梅干丸」というものをつねに携帯していて、その酸っぱさで唾液を出し、のどの渇きを癒やしたそうです。また気を失った兵に「気付け薬」として、この酸っぱさで気合いを入れたとも。気絶した人の意識が戻るくらいですから、その酸味も想像以上かもしれません。

私たちの食卓には、気合いの入る酸っぱい梅干しは少なく、果肉の厚いふくよかな減塩梅干しが主流。食べやすく健康的とも考えられますが、保存食としての存在は、すでに消えてしまったのかもしれません。

果菜

[fruit vegetables]

園芸学的には野菜に分類されますが、食生活ではフルーツとしてとらえられているものを紹介しています。

果菜

いちご

strawberry

苺

抗酸化物質もたっぷり含む

甘酸っぱい味わいで、洗ってそのまま食べられる手軽さと、赤くてつぶつぶのある姿が、とくに子どもや女性に絶大な人気を誇ります。

いわずと知れたビタミンCの宝庫。1日の必要量は中粒なら7粒でクリアできます。葉酸に加え、ペクチンという食物繊維も多く、風邪予防に効果的です。カリウムも含んでおり、生活習慣病や高血圧の予防、むくみ解消効果が期待できます。

また虫歯予防に役立つキシリトールやフラボノイドなどの抗酸化物質も多く含まれています。

おいしいカレンダー
12・1・2・3・4・5
栃木、福岡、熊本
◆おいしい時期

生産地
栃木／福岡／熊本

果実の先から熟していくので、先端ほど甘い。ヘタ側から口に入れると、甘さが残る。

- ヘタの近くまで赤いもの
- 断面の白いすじがハッキリしている
- ヘタが緑色で乾いていない
- あざやかな赤色で、ハリ、ツヤがある

●美容効果
ビタミンCはコラーゲンの生成を促してシワを、メラニンの生成を抑えてシミを、それぞれ予防する働きもあり、美肌効果は抜群。ジャムにするとビタミンCは激減するが、腸内の善玉菌を増やすペクチンという食物繊維はほとんどそのまま残る。

「ロイヤルクイーン」
時：12月〜翌5月上旬

かつての主流品種「女峰」の開発者が、新たに開発した品種。与える水分を抑えて栽培され、たっぷりと甘みを蓄える。

砂糖を使わない
手作りフレッシュソース

材料（作りやすい分量）
いちご…1パック
レモンスライス…1/2個

作り方
いちごは洗わず、汚れを落とす程度にふいてヘタを取る。半量を手で裂き、残りはそのままを鍋に入れ、上にレモンをのせて強火にかける。大量の水分が出てきたら木べらでまぜ、アクを取りながらドロっとするまで30分ほど煮る。

Data
- 学名：Fragaria ananassa
- 分類：バラ科イチゴ属
- 原産地：南北アメリカなど
- 仏名：fraise
- 独名：Erdbeere

- 地方名：あび（東京都一部）
- いちゅび（鹿児島・沖縄県一部）
- ぐいめ（広島県一部）

保存法
重ならないように容器に入れ、ラップをかけて冷蔵庫の野菜室に。水気に弱いので洗わないほうが日持ちする。冷凍する場合は洗ってヘタを取る。砂糖をまぶしておくと表面の傷みを防いでくれる。

下準備
流水に5分ほどひたし、ふり洗いする。

食品成分表（生・可食部100gあたり）
- エネルギー……31kcal
- 水分……90.0g
- たんぱく質……0.9g
- 脂質……0.1g
- 炭水化物……8.5g
- 無機質 カルシウム……17mg
- マグネシウム……13mg
- ビタミン C……62mg
- 食物繊維総量……1.4g

品種群

「久能早生」
1981年に静岡県で誕生。県特産の石垣いちごとして栽培・流通。

「栃の峰」
1993年に品種登録された栃木生まれの品種。果実が大きく粒ぞろいもよい。

「てるのか」
兵庫県で育成され、1960年に品種登録された。糖度はやや低いが、香りがよい。

「あまおう」
時 12月～翌4月

名の由来は特徴である「あかい・まるい・おおきい・うまい」の頭文字。「とよのか」に代わる福岡県の主力品種。

「とちおとめ」
時 12月～翌5月

東日本でトップシェアを誇る人気種。粒は大きめで、酸味が少なく甘みが強い。日持ちがよい。

「女峰」
時 12月～翌4月

日光の女峰山より名づけられた。甘酸っぱく、香りがよい。

「章姫」
時 12月～翌5月

東日本での流通がメイン。口当たりがよく、なめらかな肉質。サイズは親品種「女峰」の1.5倍にも。

「ダイアモンドベリー」
時 12月下旬～翌3月下旬

長円錐形であざやかな紅色。糖度は高いが、ほどよく酸味を残しており、さっぱりとした味わい。通称レディア。

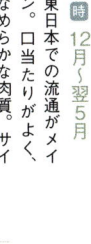

「初恋の香り」
時 11月～翌5月

見た目の白さとは裏腹に、酸味は少なく糖度が高い。紅白で合わせたりと、贈答用としての需要が高い。

「ゆめのか」
時 11月中旬～翌5月下旬

皮にほどよいハリがあり、食感がいい。適度な酸味もあり、さわやか。

「サマーティアラ」

夏においしく食べられる新しい国産いちご

2011年に登録された山形県のオリジナル品種。国内品種の多くは夏から秋は収穫ができないため、その時期、ケーキなどの菓子用は輸入ものに頼らざるを得ない。そこで、夏場にも新鮮な国産いちごを使いたいというニーズにこたえるべく研究、育成された。ティアラは、ケーキを飾る王冠をイメージしてつけられた。

レシピ

バニラ香るカスタードで果肉を包む
いちごのニョッキ

酸味のある果肉をおいしく閉じ込めた
いちご飴

材料（10個分）
いちご…10粒（冷やす）
A｜グラニュー糖…80g
　｜水…大さじ1

作り方
1. いちごは洗って水気をふき取り、竹串に刺す。
2. 鍋にAを入れ、ときどきゆすりながら中火にかける。沸騰して薄いキツネ色になったら火を止め、鍋を傾けて一か所に飴を集める。
3. 1の竹串を持って2につけ、回しながら飴をからめ、コップなどにさして飴を固める。

フランスではいちご歯磨き？

いちごに含まれているキシリトールは糖の一種だが、虫歯の原因となるミュータンス菌の増殖や働きを抑えたり、唾液中のカルシウムと結合して歯からカルシウムが抜けるのを防いだりする。だから食後にいちごを食べ、歯磨きするのが効果的。フランスでは、いちごで歯を磨くのが流行っているという話もあるほど。

材料（4人分）
いちご…8粒（ヘタを切り落とす）
A｜じゃがいも…130g
　｜薄力粉…50g（ふるう）
　｜グラニュー糖…20g
　｜牛乳…大さじ1
牛乳…1/2カップ
バニラビーンズ…1/8本（縦に切り、タネをしごき出す）
B｜卵黄…卵1個分
　｜グラニュー糖…15g
　｜薄力粉…小さじ2（ふるう）
セルフィーユ（飾り用）…適宜

作り方
1. Aの材料でニョッキ生地を作る。じゃがいもは皮つきのまま蒸し、皮をむいて熱いうちにマッシャーでつぶし、薄力粉、グラニュー糖、牛乳を加え、よく練る。8等分にし、丸く平らに伸ばして1枚に1粒のいちごをのせて丸める。
2. Bの材料でカスタードソースを作る。小鍋に牛乳とバニラビーンズを入れ、沸騰直前まで温める。ボウルに卵黄とグラニュー糖を入れ、泡立て器で白っぽくなるまですりまぜ、薄力粉を加えてまぜ、温めた牛乳を少しずつ加えながらまぜる。小鍋に戻し、木べらでかきまぜながら、軽くとろみがついたら火を止め、ボウルにこして入れ、氷水に当てて冷やす。
3. 鍋に湯を沸かして1を入れてゆで、水にとって粗熱をとり、縦半分に切る。
4. 皿に2を流し、3をのせ、セルフィーユを飾る。

品種群

「とねほっぺ」
群馬県のみで流通する品種。「女峰」を交配親として、1999年に品種登録。

「サマーベリー」
奈良県で育成され、1988年に登録された四季なりの品種。

「麗紅（れいこう）」
1976年に千葉県で誕生した。コクのある甘みと豊富な果汁が特徴。

「さちのか」

時　11月中旬〜翌5月下旬

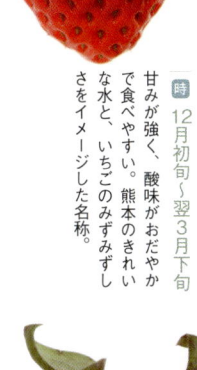

香りがよく、糖度も高い。果肉がかためで日持ちする。ビタミンCも多い。

「ひのしずく」

時　12月初旬〜翌3月下旬

甘みが強く、酸味がおだやかで食べやすい。熊本のきれいな水と、いちごのみずみずしさをイメージした名称。

「紅ほっぺ」

時　12月中旬〜翌5月上旬

親品種である「章姫」の香りと糖度、「さちのか」の酸味とコクを引き継いだ品種。

「アイベリー」

時　12月中旬〜翌5月

果実が50gほどもある大粒。香り甘みともによい。誕生以降、本種をかけ合わせた多数の大粒品種を生み出した。

「あかねっ娘」

時　1月上旬〜5月中旬

「ももいちご」とも呼ばれる新品種。かなりの大粒。甘さが抜群なうえ、いちご本来の酸味、コクもある。1粒単位で売られることもある高級種。

「やよいひめ」

時　1月上旬〜5月下旬

皮は明るい赤色で光沢がある。果実はかためで、日持ちがよく傷みにくい。

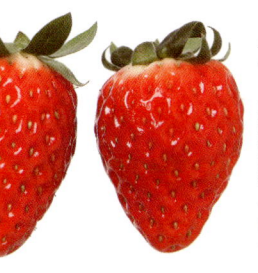

「もういっこ」

時　12月上旬〜翌5月下旬

すっきりとしたさわやかな甘さが特徴で、ついつい「もういっこ」と手がのびてしまう？

「いばらキッス」

時　11月〜翌5月

親品種「とちおとめ」より、やややわらかくジューシー。粒ぞろいがよく、収量が安定している。

ジャムとマーマレードの違い

マーマレードとは柑橘（かんきつ）のジャムのなかで皮を含むもののこと。オレンジジャム、オレンジマーマレードはあっても、いちごマーマレードはないというわけ。ちなみにベリーなど小さい果実がそのまま入っていたり、5mm以上の果肉片を含んだりするものはプレザーブスタイルと呼ばれる。

品種群

「宝交早生」
1962年に兵庫県宝塚市で生まれた。味がよく生産性も高いが、果実がやわらかく輸送に向かない。

「福羽」
およそ100年前、国内で育成された最初の品種。当時は庶民には手の届かないものだった。

「ダナー」
1950（昭和25）年にアメリカから入ってきた。昭和40〜50年代の主流品種。

「とよひめ」
時　11月〜翌2月
繁殖力が強く、いちご狩り農園で栽培されていることの多い品種。酸味が少なく食べやすい。

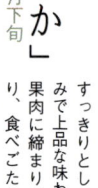

「さがほのか」
時　11月中旬〜翌5月下旬
すっきりとした甘みで上品な味わい。果肉に締まりがあり、食べごたえもある。

「ペチカ」
時　6月中旬〜11月下旬
生産できる品種の少ない夏場でも収穫でき、ケーキやお菓子に利用される。

「おぜあかりん」
時　3月下旬〜7月中旬
果肉がかためで、サクッとした独特の食感が楽しめる。酸味も甘みもしっかり。

「アルビオン」
時　7月〜8月
おもに北海道で栽培され、国産品種の少ない夏にも収穫できる品種。大粒で糖度も高め。

加工食品

低温乾燥
生のいちごを数日かけて凝縮させたもの。そのまま溶かすように味わったり、紅茶に浮かべたりしても。

ドライいちご
砂糖をまぶして脱水させたもの。乾きすぎておらず、ほどよい歯ごたえがある。ヨーグルトなどにまぜて使うのがおすすめ。

おいしいコツ

ヘタを取る前に洗う
水洗いするときは、ヘタはつけたままで。取ってから洗うと水っぽくなり、ビタミンCも流出してしまう。

いちごの果実はどこ？

いちごのタネなどとも呼ばれる表面のツブツブ。じつはその部分こそがいちごの果実。そして断面の白いすじは表面の果実に向かって栄養を送るための管の役割をしているのだそう。

歴史

日本には江戸時代に、オランダから観賞用に持ち込まれた。明治初期に、欧米から栽培品種が導入されたが、一般には手の届かない高級品だった。大正時代に石の温熱を利用した石垣いちごの栽培が始まり、いちごの代名詞となる。1960年代まで旬は5月〜6月だったが、温室栽培が進歩し、年末年始の需要時にも対応できるようになった。そしてより甘く、粒の大きいものが求められるようになり、人気品種が続々と登場している。

レシピ

果汁でこねあげたぜいたくな一品
いちご白玉

しっとりやわらかな洋風おやつ
いちごクリームチーズのミニどら焼き

材料（8個分）
- いちごジャム…40g
- クリームチーズ…80g（室温に戻す）
- 卵…1個
- A
  - 砂糖…20g
  - はちみつ…大さじ2
  - サラダ油…大さじ2
- B
  - 薄力粉…70g
  - 重曹…小さじ1/2
  - （合わせてふるう）
- サラダ油…適量

作り方
1. ボウルに卵を入れて泡立て器で溶きほぐし、Aを加えてまぜる。Bを加え、粉気がなくなるまでまぜたらラップをかけ室温で30分寝かせる。
2. フライパン（テフロン加工）を弱火で熱し、サラダ油を薄くぬり、1の1/8量を流し入れて小さい丸形にする。表面にプツプツと穴があき、よい焼き色がついたらひっくり返して両面を焼き、かたく絞ったふきんにはさんでおく。同様にして8枚焼く。
3. 別のボウルにクリームチーズを入れ、なめらかになるまでまぜ、いちごジャムを加えてまぜ合わせる。
4. 2に3をはさんで冷蔵庫で冷やす。

材料（2人分）
- いちご…70g（ヘタを取る）
- A
  - 白玉粉…80g
  - 砂糖…10g
  - いちご…30g（ヘタを取り、フォークでつぶす）
- B
  - コンデンスミルク…20g
- ミント（飾り用）…適宜

作り方
1. ボウルにいちごとAを入れ、いちごをつぶしながら、耳たぶのかたさになるまでこねる。水分が足りなければ、水適量（分量外）を加えて調節する。20等分にして丸め、中央をへこませる。
2. 鍋にたっぷりの湯を沸かし、1を入れ、ふくらんで浮かんでくるまでゆでたら冷水にとる。
3. Bをまぜ合わせてソースを作る。
4. 皿に2を盛り、3をかけてミントを飾る。

果菜

すいか

water melon

西瓜

腎臓病予防や夏バテ防止に最適

原産地ははるか遠くの南アフリカ。中国を経由して17世紀に日本に伝わったとの説があり、江戸時代には赤い果肉が気味悪いと敬遠されていたそうです。現在多く見られる緑の地に黒いギザギザの縞模様のものは昭和初期以降の品種です。

90％以上は水分ですが、果肉には抗酸化作用のあるカロテンとリコピン、利尿作用のあるカリウムが含まれます。尿を作る働きを持つアミノ酸の一種、シトルリンも含むため、腎臓の機能を助け、高血圧や動脈硬化の予防効果が期待できます。

おいしいカレンダー
5　6　7　8　9　10
熊本、千葉、山形
◆おいしい時期

生産地
山形
熊本
千葉

Data
学名：*Citrullus lanatus*
分類：ウリ科スイカ属
原産地：南アフリカ
仏名：pastèque
独名：Wassermelone

地方名：しーか（岡山・長崎・熊本県）
すいくぁ（兵庫・島根・熊本県）

保存法
丸のままなら、風通しのよい場所に。カットしたものはラップをかけて冷蔵庫に。

果実の中心と、よく日に当たって張り出した部分が甘い。そこから半分に切るのがおすすめ。

縞が等間隔でコントラストがはっきりしている

軸の部分がへこんだもの

形が左右対称

食べごろ
ツメではじいて、ポンポンと軽快な音がすると食べごろ

カットされたものは、果肉の色があざやかでタネが黒々としたもの

食べごろ
冷やしすぎると甘みが落ちてしまう。冷やす時間の目安は、まるごと1玉なら2時間半程度、四つ割りのものなら1時間半程度。もっとも甘みを感じるのは15℃前後

夏バテ予防に役立つ すいかとトマトのジュース

材料（1人分）
すいか…100g（皮とタネを取り、ざく切り）
トマト…100g（ヘタを除き、ざく切り）
はちみつ…小さじ2

作り方
すべての材料をミキサーにかけ、氷適量（分量外）を入れたグラスに注ぐ。

食品成分表
（赤肉種・生・可食部100gあたり）
エネルギー　41kcal
水分　89.6g
たんぱく質　0.6g
脂質　0.1g
炭水化物　9.5g
無機質　カリウム　120mg
ビタミン　A　β-カロテン当量　830μg
　　　　　B6　0.07mg
食物繊維総量　0.3g

天ぷらとの食べ合わせ

「すいかと天ぷらは食べ合わせが悪い」という昔からの言い伝えには理由があります。

水分の多いすいかを冷やしてたくさん食べると、胃酸が薄くなり、一時的に体温が下がって消化機能が低下します。油っぽい天ぷらなどと食べると下痢をしたり、胃腸の調子が崩れやすくなるのだそうです。ご注意を。

品種群

「ペイズリー」

時 8月初旬

食感は大玉すいかに近く、香りもよい。冷蔵庫にまるごと収納しやすい。

「黒美人」

時 7月〜8月

皮の色がとても濃く、黒がかって見える。小ぶりでシャリ感のある肉質。

「紅こだま」

時 3月〜7月

小さいが果皮が薄いため、可食部分が見ためよりたっぷり。保存スペースもゴミも少なくてすむ。

夏花火

時 6月上旬〜中旬

皮は黄色く、果肉はきめ細かく、糖度も高め。品種名は「ゴールド小町」。

ダイナマイトスイカ

時 6月中旬〜8月中旬

北海道月形町で栽培されている黒皮すいか。シャリシャリと軽い口当たりで、さわやかな甘み。

生活の変化に合わせた品種改良の歴史

江戸時代からすでに庶民になじみのあったすいかは明治時代以降、人々の生活に合わせさまざまな品種が誕生した。昭和10年にはすでにタネなしすいかが誕生しており、昭和34年には家庭用冷蔵庫の普及にともない小玉すいかが生まれた。現在でも味と見映えを追求した贈答用高級大玉品種、形や色に変化を持たせた品種など、毎年のように新種が世に出続けている。

レシピ

食感のいい部分を有効活用 すいかの浅漬け

材料
すいかの皮（白い部分）…適量（短冊切り）
塩…適量

作り方
ボウルにすいかの皮を入れ、塩を加えてまぜ、冷蔵庫で寝かせる。水気をきり、器に盛る。

口に含むとサッと溶ける すいかのムース

材料（4人分）
すいか（正味）…200g（皮とタネを除き、ざく切り）
A ┃ 水…大さじ2
　 ┃ 粉ゼラチン…6g
生クリーム…1/2カップ
B ┃ グラニュー糖…15g
　 ┃ はちみつ…15g
　 ┃ レモン汁…大さじ1
C ┃ 卵白…卵1個分
　 ┃ グラニュー糖…20g
チョコレート（仕上げ用）…適量（きざむ）

作り方
1. 小さめの耐熱容器にAの水を入れ、粉ゼラチンをふり入れてふやかし、電子レンジで約15秒加熱して溶かす。
2. 生クリームは氷水に当てながら泡立て器で七分立てにする。
3. すいかはミキサーにかけるか、または裏ごししてボウルに移し、1とBを加えてまぜ、氷水に当て、少しとろみがつくまで冷やす。
4. 別のボウルにCの卵白を入れ、泡立て器ですくえるくらいまで泡立て、グラニュー糖を3回に分けて加え、メレンゲを作る。
5. 3に2を加えてまぜ、さらに4を2回に分けて加え、さっくりとまぜ合わせて冷蔵庫で冷やし固める。
6. 固まったらスプーンですくって器に盛り、チョコレートをちらす。

日焼けにすいかの皮パック

日焼けや乾燥など、肌のトラブルが多い夏にぴったり。水分、ビタミンA、Cなど肌にうれしい成分が多く含まれ、とくに皮の内側の白い部分は美白効果が期待できる。火照った部分にスライスして当てるだけで、落ち着くはず。

果菜

メロン

melon

甜瓜

品のある甘い香りが魅力

昔から贈答品としても多く利用され、高価で特別なイメージがありますが、現在は品種改良により種類も増え、手ごろな価格のものもあります。

皮の網目は、果肉が肥大する際に皮がはじけてできたひびがカサブタ状になったもの。網目のあるものはネット系、ないものはノーネット系と呼びます。また果肉の色から、青肉、赤肉、白肉の3つに分類されます。

カリウムが豊富なため、余分な塩分を排出し、約90％を占める水分の利尿作用とあいまって、高血圧や肥満防止に有効だとされています。

おいしいカレンダー
5 6 7 8 9 10
茨城、北海道、熊本
◆おいしい時期

生産地
北海道
熊本
茨城

食べごろ
4 / 3 1 3 / 2

お尻から熟していく。タネのまわりも甘いので、くし形切りがおすすめる。

食べごろ
軽くたたくと鈍い音がする。食べる2時間くらい前に冷蔵庫に

食べごろ
お尻を押して弾力があるのは熟した証し

軸が太く、ツルが細く枯れている

網目が細かく、均一

Data
学名：Cucumis melo
分類：ウリ科キュウリ属
原産地：東アフリカ（諸説有）
仏名：melon
独名：Melone

地方名：おんしょーめろん
　　　　（三重県一部）
　　　　せーよーあじうり
　　　　（北海道）

保存法
熟すまで常温で保存。カットしたものはワタとタネを取りラップをかけて冷蔵庫に。小分けにカットしたものは冷凍保存も可能。

マスクメロン
時 5月〜12月

「アールス・フェボリット」など芳香の強いヨーロッパ系ネットメロンの総称。日本ではムスク（＝麝香）が転じてマスクとなった。高級メロンの代名詞。

完熟した果肉の香りを楽しむ
メロンのシェイク

材料（1人分）
メロン（正味）
　…100g（ざく切り）
バニラアイスクリーム…100g
牛乳…1/4カップ

作り方
すべての材料をミキサーにかけ、グラスに注ぐ。

食品成分表
（露地メロン・緑肉種・生・可食部100gあたり）
エネルギー　　　　　　45kcal
水分　　　　　　　　87.9g
たんぱく質　　　　　　1.0g
脂質　　　　　　　　　0.1g
炭水化物　　　　　　　10.4g
無機質　カリウム　　350mg
ビタミン　A　β-カロテン当量
　　　　　　　　　140μg
　　　　C　　　　　　25mg
食物繊維総量　　　　　0.5g

富士山白雪？メロンの等級

市場での野菜やフルーツの格づけは、秀・優・良などで分けるのが一般的ですが、産地静岡では富士・山・白・雪と、地方色のある呼び名で等級分けされているそうです。

温室マスクメロンはひとつの苗に1個の果実しかつけません。これは、たくさん果実を残すと大きく甘くならないため。温度変化にも弱く、生産効率が悪いため高価ですが、それだけの価値がある芳醇な香りと味です。

軸はネクタイ？

メロンにはチョンマゲまたはアンテナとも呼ばれるふたまたの軸（正式には果梗（かこう））がついたまま出荷される。品質には影響のない、高級感を強調するために残す部位で、ネクタイのようなものといわれる。軸は細いものより1cm以上のしっかりしたもののほうが品質がよい。

おいしいコツ①　ワタに栄養あり。おいしく食べよう

栄養素は果肉部分だけではなく、ワタの部分にも多く含まれている。ヨーグルトなどにのせて食すと摂りやすい。

おいしいコツ②　南から北に切り甘さを均等に

太陽によく当たった部分は少し張り出していて、タネのまわりと同じくらい甘いといわれる。ここが均等に含まれるよう切り分けると、甘い部分が均等に行き渡る。

古きよき日本のメロン　マクワウリ

岐阜県真桑地区発祥の瓜で、かつては日本の夏を代表するフルーツだった。しかし昭和30年代に入り、「プリンス」の登場によって急激に市場から姿を消し始め、さらに品種の増えた40年代にはほぼ世間から忘れられた存在となってしまった。幻のフルーツになった現在も、わずかながら真桑地区の農家を中心に栽培は続けられているという。見かけた際は、ぜひその甘い香りと、シャキッとした独特の歯ごたえを堪能あれ。

品種群

「肥後グリーン」
[時] 5月中旬〜7月上旬

糖度が16度前後とマスクメロンに引けをとらない。糖度が高いわりに日持ちもよい。

「ホームランスター」
[時] 4月〜6月

皮、果肉ともに白い。味は淡白だが、上品な甘さでなめらかな肉質。早い時期から出回る。

「タカミ」
[時] 6月〜7月

皮の緑色が濃く、ネットの盛り上がりが低い。果肉はややかためで、コクのある甘み。

「エリザベス」
[時] 5月中旬〜7月上旬

皮はなめらかであざやかな黄色。果肉は白色でシャクシャクとした歯ざわり。上品な食味と香り。

「アンデス」
[時] 5月〜7月

小ぶりで手ごろなネットメロン。果肉は緑色。名称候補の「安心ですメロン」から「アンデス」となった。

「プリンス」
[時] 2月下旬〜8月下旬

昭和40年代まではもっとも多く流通していた品種。果肉は緑色とオレンジ色で肉質はマスクメロンに近く、香りも強い。

「マユカ」
[時] 4月〜7月

ノーネット系では比較的新しい品種。白い果肉は肉厚でジューシー。シャリッとした食感。

「ハネデューメロン」
[時] 12月〜翌6月

明治時代に日本に入ってきたノーネットメロン。香りはひかえめだが、甘さはしっかり。貯蔵性が高い。

小メロン

ひと口サイズの漬け物用

摘果の際に間引いた3〜5cmの未熟果。クセがなく、きゅうりのようにいろいろな漬け物に合う。生のままみそをつけて「もろきゅう」のように食べてもおいしい。

レシピ

メロンのミルクレープ
断面からのぞくグリーンが美しい

材料（直径24cmのフライパンを使用）
メロン（正味）…350g（いちょう切り）
A｜卵…1個
　｜グラニュー糖…20g
　｜塩…ひとつまみ
　｜牛乳…170cc
　｜薄力粉…50g（ふるう）
　｜バター（食塩不使用）…25g（溶かす）
B｜生クリーム…1カップ半
　｜グラニュー糖…30g
サラダ油…適量

作り方
1. Aの材料でクレープ生地を作る。ボウルに卵、グラニュー糖、塩を入れ、泡立て器でよくまぜる。牛乳を加えてまぜ合わせ、薄力粉も加えて粉気がなくなるまでまぜる。バターも加えてまぜ、ラップをかけて冷蔵庫で約30分寝かせる。
2. フライパンにサラダ油を薄くひき、1の生地約1/10量を流し、フライパンを回しながら生地を広げて両面焼く。この手順で約10枚焼き、冷ましておく。
3. 別のボウルにBの生クリームとグラニュー糖を入れ、氷水に当てながら泡立て器で八分立てにする。
4. 2のクレープに3の生クリームをぬり、メロンを全体に並べ、上にまた少量の3をぬり、クレープを重ねて軽く押さえる。この手順を繰り返す。
5. 4を冷蔵庫で1時間ほど冷やして切り分ける。

メロンのココナッツプリン
ツブツブプルプルの二層仕立て

材料（4個分）
メロン（正味）…200g（みじん切り）
はちみつ…10g
A｜水…大さじ1
　｜粉ゼラチン…3g
　｜グラニュー糖…40g
　｜牛乳…80cc
B｜ココナッツミルク…80cc
　｜生クリーム…50cc
　｜水…50cc

作り方
1. メロンははちみつとサッとまぜ合わせ、冷蔵庫で冷やしておく。
2. Aの水に粉ゼラチンをふり入れ、ふやかしておく。
3. 鍋にBを入れ、沸騰直前まで温め、2を加えて溶かし、ボウルに移して氷水に当て、粗熱をとる。
4. 器に3を流し入れ、冷蔵庫で冷やし固めて1をのせる。

美容にも効果大
おもな栄養素は糖質なので疲労回復に、またカリウムの利尿作用は同時にむくみ解消に効果がある。さらにビタミンCを含むので美肌効果も。

品種群

「グランドール」
時 6月下旬～10月下旬

めずらしい黄皮のネットメロン。新潟ではトキ色メロンの名で流通している。糖度は高いがすっきりとした甘さ。

「クインシー」
時 5月～7月

従来の赤肉メロンのカロテン臭と、日持ちの悪さを改良した品種。果肉は緻密でカロテンが豊富に含まれる。

らいでん
光センサーで外れなし

北海道積丹(しゃこたん)半島の西側つけ根に位置する共和町が、らいでんメロンの故郷。いち早く光センサー撰果を導入した共和町メロン集出荷撰果施設で、糖度の測定、内部品質チェックを行ってから出荷される。果肉は芳醇でとろける舌ざわり。名称の由来は付近にある雷電海岸という地名から。

「キンショウ」
時 5月上旬～7月初旬

外見はマクワウリに似ている。果肉は白く、さっぱり歯切れのよい食感が特徴。

「マーブル」
時 6月～7月

黄色地に緑色の模様が特徴的な皮。果肉は白く歯ごたえがある。

夕張メロン
時 5月中旬～8月初旬

正式な品種名は「夕張キング」。標高の高い夕張の気候で栽培するため、芳醇な香りと濃い甘みが引き立つ。

「アムス」
時 6月～7月

凹凸のある縦縞が特徴。果汁豊富で皮が薄いため、可食部分が多い。

メロンの進化

ネット状の編み目模様は、高級マスクメロンの証しです。

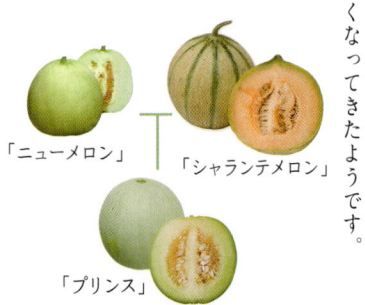

明治のメロン黎明期には、欧州からの品種がたくさん導入され、「西洋甜瓜（てんか）」という名で呼ばれていました。そのなかには、現在の高級マスクメロンに近い品種もあったようです。

このマスクとは、昭和初期に「Musk ムスク（麝香（じゃこう））」を誤って表記したもの。香りを重んじる欧州での麝香の香りとは、この果実への最大の賛美なのでしょう。しかし日本では、現代でもマスクが流通名になってしまっています。

メロンは、大きく分けて2種類あります。ハウス栽培でひと株に1個を育てるような高級品種と、露地でひと株に4個くらいを栽培できるマクワウリのような品種です。

昭和30年代に、露地栽培品種として「プリンス」が登場。そ

れは1959年、皇太子のご成婚でミッチーブームのなか、マクワウリとカンタロープ種の一種、「ニューメロン」とカンタロープ種の「シャランテメロン」を交配して誕生した、新世代の編み目模様がないノーネットメロンだったのです。安価で食べやすいサイズだったため、たちまち市場を席巻し、栽培も全国に広がりました。

一方、温室栽培のマスクメロンは現在も贈答品として人気があり、品種も増えています。

近年の品種改良と栽培技術の向上で、安価な品種も続々登場。手ごろで香りがよく、ねっとり甘いノーネットメロンが増え、メロンの糖度と価格は比例しなくなってきたようです。

「ニューメロン」

「シャランテメロン」

「プリンス」

86

堅果

【nuts】

タネを食用とするもので、かたい殻でおおわれているため殻果とも呼ばれます。基本的には木の実をさし、本書では落花生もここで紹介します。

堅果

くり

chestnut

栗

Data
- 学名：*Castanea* spp.
- 分類：ブナ科クリ属
- 原産地：日本、中国、朝鮮半島南部など
- 仏名：châtaigne
- 独名：Edelkastanie

地方名：
- おかぐい（鹿児島県一部）
- がんがん（岐阜県一部）

保存法
冷蔵ならチルド・パーシャル保存がおすすめ。長く保存が利くだけでなく、栗の糖分まで増加する。

食品成分表
（日本ぐり・生・可食部100gあたり）

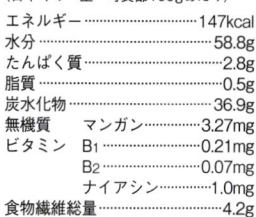

エネルギー	147kcal
水分	58.8g
たんぱく質	2.8g
脂質	0.5g
炭水化物	36.9g
無機質 マンガン	3.27mg
ビタミン B1	0.21mg
B2	0.07mg
ナイアシン	1.0mg
食物繊維総量	4.2g

● 美容効果
栗のビタミンCはでんぷん質に包まれているので、加熱しても壊れにくい利点がある。食物繊維、葉酸もあることから、肌荒れを防ぎ、透明感ある美肌効果が期待できる。

滋養がたっぷり 秋の堅果

秋の味覚の代表格で、フルーツのなかでは堅果に分類されます。堅果は皮がかたく、タネを食用とするフルーツです。一般にナッツと総称されています。

栗は炭水化物を豊富に含む高カロリー食品のため、縄文時代から食料として重視されてきました。糖の代謝を助けるビタミンB1、B2、ナイアシンも含むので、効率よくエネルギーを補給できます。

とくに渋皮には、強力な抗酸化作用を持つ成分が多く含まれています。

おいしいカレンダー

7　8　**9　10**　11　12
茨城、熊本、愛媛
◆おいしい時期

生産地
- 茨城
- 熊本
- 愛媛

「銀寄（ぎんよせ）」

地：大阪府
時：9月中旬～10月初旬

果重が20～25gと大きめで肉質は粉質。甘みが強く見栄えがよいため、マロングラッセなどに使われる。

- 皮にツヤがあり、色ムラがない。深いこげ茶色
- 持ったときに重量感がある
- お尻の部分が白っぽく、面積が大きい。栄養はお尻から吸収する

「利平栗（りへいぐり）」

系：日本栗×中国栗
時：9月中旬～10月上旬
地：岐阜県

通常の和栗より甘みが強く大粒。発祥の地である岐阜県には、栗の形をした石碑が建っている。

- 丸々としていて、先端がピンととがっている

おいしいコツ①　簡単なむき方

包丁の刃元を使って鬼皮に少し切り込みを入れ、熱湯に1時間ほど浸ける。底のざらざらした部分を切り落とし、切り口から包丁を入れて鬼皮を引っぱりながらむく。

おいしいコツ②　渋皮を活かして料理を

渋皮にはコレステロール値低下や糖尿病予防に役立つタンニンが含まれる。栗ごはんを炊くときは渋皮を少し残して、栄養、味わい、香りをアップさせよう。

レシピ

しっとり上品に蒸しあげた 栗むしょうかん

材料（15×15cmのトレイ1台分）
栗の甘露煮（市販）…20個（4等分に切る）
こしあん（市販）…500g
A│薄力粉…60g
 │片栗粉…20g
 　（合わせてふるう）
甘露煮シロップ…1/2カップ
甘露煮シロップ（仕上げ用）…少々

作り方
1. ボウルにこしあんを入れ、Aを加えて手でもみこむようによくまぜ合わせる。甘露煮シロップを3回に分けて加え、その都度よくまぜ合わせる。
2. トレイに合わせてオーブンシートを敷き、1の生地を半分の高さまで流し入れ、栗半量をちらす。残りの生地を流し、残りの栗を少し押し込みながら全体にちらす。
3. 2を約40分蒸す。
4. 3の粗熱をとり、仕上げ用のシロップをぬって切り分け、器に盛る。

自然なとろみがうれしい 栗のスープ

材料（2人分）
栗（正味）…120g
玉ねぎ…100g（薄切り）
バター（食塩不使用）…25g
コンソメスープ…2カップ
生クリーム…1/4カップ
塩・こしょう…少々

作り方
1. 鍋に栗とたっぷりの水（分量外）を入れて火にかけ、40〜50分ゆで、そのまま冷ます。栗を半分に切り、中身をくりぬく。飾り用（適量）も別にくりぬいておく。
2. 鍋にバターを溶かし、玉ねぎを加えてよく炒め、コンソメスープと1を加えて弱火で5〜10分煮る。
3. 2の粗熱をとり、ミキサーにかけ、鍋に戻してひと煮立ちさせる。生クリームを加え、塩、こしょうで味を調える。
4. 3を器に盛り、飾り用の栗をちらす。

世界の栗事情

栗は大別すると日本栗、中国栗、ヨーロッパ栗、アメリカ栗などがある。日本栗以外は日本での栽培は難しいとされる。中国栗は焼き栗に適しており、天津甘栗として親しまれている。ヨーロッパ栗は、マロングラッセなどの菓子の原料として輸入されている。

ナッツ類

nuts

堅果

バランスのよいヘルシー保存食品

通常、ナッツと呼ばれる木の実は堅果に分類されます。小さくて手軽に食べられるので、酒のつまみとしてもよく登場します。

総じてビタミンE、鉄、銅、マンガン、亜鉛などいろいろな種類の栄養素が豊富に含まれる植物性食品といえます。

カリウムも豊富なので、高血圧症、心臓病の予防効果が期待できます。アーモンド、ピスタチオ、カシューナッツは食物繊維の多さが特徴的です。

おいしいカレンダー

7　8　●9　●10　11　12
千葉、茨城（落花生）
●おいしい時期

生産地
茨城／千葉

落花生

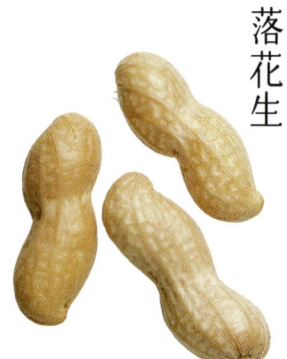

地 南アメリカ
時 生ざや＝8月下旬から／乾燥豆＝9月中旬から
分 マメ科ラッカセイ属

日本では明治時代から栽培が開始。おもに煎った状態で販売されるが、生ざやをゆでたものも美味。

加工食品

煎り豆（落花生）
そのまま煎るだけの「素煎り」と、塩水につけてから煎る「味つけ」がある。砕いてドレッシングにまぜてもおいしい。

むきぐるみ
「ペルシアグルミ」の殻を除いた、実だけのもの。使いやすいが酸化しやすいので、早めに使いきりたい。

くるみ

地 南北アメリカ
時 9月～10月
分 クルミ科クルミ属／ヨーロッパ、アジア、

紀元前から食べられていたナッツ。流通品は「ペルシアグルミ」という西洋品種で、焼き菓子などにされる。

鬼ぐるみ
鬼のようにかたい殻

日本の原生種。ゴツゴツした厚い殻はかたく、小ぶりな食用部分は取り出しにくいが、濃厚な味。

食品成分表 （らっかせい・未熟豆・生・可食部100gあたり）

エネルギー	306kcal
水分	50.1g
たんぱく質	12.0g
脂質	24.2g
炭水化物	12.4g
無機質　マグネシウム	100mg
亜鉛	1.2mg
ビタミン　E α-トコフェロール	7.2mg
食物繊維総量	4.0g

💧美容効果

ビタミンEやミネラル類を多く含むアーモンドは、カルシウム不足を補い美肌効果も期待できる。また、食物繊維により便秘解消、ビタミンの働きにより脂肪や糖分が燃焼されやすくなる。ただし油脂分もあるので、食べすぎは厳禁。

レシピ

香ばしさと歯ごたえがクセになる
アーモンド炒飯

ワインのお供にぴったりの
ピーナッツレバーペースト

材料（4人分）
- ピーナッツ…30g（粗くきざむ）
- 鶏レバー…200g
- にんにく…5g（みじん切り）
- 玉ねぎ…100g（みじん切り）
- A
  - バター（食塩不使用）…50g
  - マスタード…小さじ1/2
  - 塩…小さじ1/2
  - こしょう…少々
- サラダ油…大さじ1
- 粗びき黒こしょう…適量
- バゲット…適量（薄切り）

作り方
1. 鶏レバーは、サッと水洗いし、流水で血抜きする。水気をよくふいてひと口大に切り、すじや血のかたまりを除く。
2. フライパンにサラダ油とにんにくを熱し、香りが出たら玉ねぎを加えて炒め、1を加え、強火で炒めて火を通す。
3. 2の粗熱をとり、フードプロセッサーにかけ、Aを加えてなめらかになるまでまぜ合わせる。ピーナッツを加えてサッとまぜる。
4. 3をココット型に入れ、冷蔵庫で冷やし固める。粗びき黒こしょうをふり、バゲットを添える。

材料（2人分）
- アーモンド…10粒（斜め薄切り）
- ウインナーソーセージ…2本（5mm幅の輪切り）
- 玉ねぎ…20g（粗みじん切り）
- にんじん…20g（粗みじん切り）
- 溶き卵…1個分
- ご飯…250g
- サラダ油…大さじ1
- A
  - 塩・こしょう…少々
  - しょうゆ…小さじ1

作り方
1. アーモンドはフライパンで乾煎りして取り出しておく。
2. フライパンにサラダ油を熱し、ウインナーソーセージ、玉ねぎ、にんじんを炒める。
3. 2に溶き卵を加えてかきまぜ、ご飯を加えて炒め合わせ、Aで味を調える。1を加えて炒め合わせ、器に盛る。

堅果一覧

アーモンド
- 分：バラ科サクラ属
- 時：周年（カリフォルニアでの収穫期は8月末～10月）
- 地：西アジア

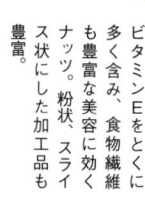

ビタミンEをとくに多く含み、食物繊維も豊富な美容に効くナッツ。粉状、スライス状にした加工品も豊富。

ピスタチオ
- 分：ウルシ科ピスタキア属
- 時：周年（カリフォルニアでの収穫期は8月末～9月）
- 地：地中海沿岸、西アジア

抜群の風味とあざやかな緑が印象的。実が熟すと自然に殻が割れ、口を開けたような表情になる。

カシューナッツ
- 分：ウルシ科アナカルディウム属
- 時：周年（インドでの収穫期は3月～5月）
- 地：ブラジル

中華の炒め物でおなじみ。黄色い実をつけるカシューアップルという果実の先端がナッツ部分。

ヘーゼルナッツ
- 分：カバノキ科ハシバミ属
- 時：周年（トルコでの収穫期は8月末～9月）
- 地：北ヨーロッパ、アジア

濃厚な風味のナッツ。加工の際に抽出されるオイルも、製菓や飲料の香りづけに利用される。

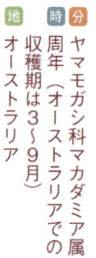

マカダミアナッツ
- 分：ヤマモガシ科マカダミア属
- 時：周年（オーストラリアでの収穫期は3～9月）
- 地：オーストラリア

ハワイのお土産としてもおなじみ。軽い食べごたえで、焼き菓子やチョコレートにぴったり。

ペカン
- 分：クルミ科ペカン属
- 時：周年（アメリカでの収穫期は9月から10月）
- 地：北アメリカ

別名バターの木と呼ばれ、脂肪分がとくに多い。くるみに似た風味で焼き菓子やサラダに使われる。

92

その他

【other fruits】漿果やベリー類、複合果など、一般的な分類の定義が難しいフルーツを、ここにまとめました。

その他

ぶどう

grape

葡萄

Data
学名：*Vitis* spp.
分類：ブドウ科ブドウ属
原産地：コーカサス地方、アメリカ
仏名：raisin
独名：Traube

地方名：
えび（岐阜県一部）
ぐんど（富山・石川県）
さなずら（山形県一部）
しろぶどー（北海道一部）

保存法
洗わずにキッチンペーパーで包み、ビニール袋に入れて冷蔵庫の野菜室に。ただし風味が落ちるので、できるだけ早く食べる。

下準備
食べる直前に洗う。流水に5分ほどひたし、その後ふり洗いする。

食品成分表
（皮なし・生・可食部100gあたり）

エネルギー	58kcal
水分	83.5g
たんぱく質	0.4g
脂質	0.1g
炭水化物	15.7g
無機質　カリウム	130mg
ビタミン　A　β-カロテン当量	21μg
B1	0.04mg
食物繊維総量	0.5g

疲労の即効回復に果糖とブドウ糖パワー

甘みと果汁たっぷりのぶどうは、果糖、ブドウ糖などの糖質が主成分。体内ですばやくエネルギー源になるので、疲れたときに食べると回復が早くなります。

ぶどうといえばワインですが、その皮や種には抗酸化作用のあるポリフェノールの一種、アントシアニンが豊富で、活性酸素を取り除き、老化を防ぐ効果、視力機能の回復や肝機能の向上が期待できます。栄養価を考えると皮ごと食べるのが望ましく、タネなしで皮ごと食べられる品種も多くなりました。

おいしいカレンダー
6　7　**8　9**　10　11
山梨、長野、山形
◆おいしい時期

生産地
山形
長野
山梨

タネなしぶどうって？
「デラウェア」などタネなしのイメージが強い品種にも、本来はタネはある。しかし、開花期にジベレリンという植物生長ホルモンで処理すると、なんとタネなしになるのだという。ジベレリンとは稲の馬鹿苗病という菌から抽出したもの。

房の上の、よく日に当たる部分が甘い。下にいくほど酸味が強くなる。

巨峰
地 時 系
8月中旬～9月中旬
静岡県
石原早生×センテニアル
ぶどうの王様と称される定番の大粒黒皮品種。

皮にハリがあり、ブルームにおおわれている

全体が均等に色づいている

「マスカット オブ アレキサンドリア」
地 時
9月下旬～10月上旬
エジプト
ぶどうの女王の名にふさわしい、気品ある豊かな味と香り。高級ぶどうで、多くの品種の親となっている。

食べ方によって異なる、栄養効果

脳の疲れに… 老化防止に…

Pentapeptide

果肉には、もの忘れ、頭がボーッとするなどの脳疲労による脳機能低下を防止する働きを持つといわれるペンタペプチドという物質が含まれている。生の状態の「ピオーネ」や巨峰など紫色の大粒品種に多く含まれる。

proanthocyanidin

タネにはプロアントシアニジンという強力な抗酸化力を持つポリフェノールが含まれ、細胞老化のもととなる活性酸素の除去に大活躍。タネの成分までしっかり抽出させているワインで有効に摂取できる。

貴腐ワイン誕生秘話

収穫時期を過ぎたあるぶどう園で、ほとんどのぶどうにカビがはえ、半分腐ってしまった。とにかくそれでワインを造ったところ、比類なく高貴でまろやかな味に仕上がったわけだ。以降、収穫を意図的に遅らせ、菌を付着させてから造る極甘口のワインを"貴腐ワイン"と称すようになった。字のとおりの直訳"貴く腐ったワイン"はあながち間違いでない偶然の産物である。

ぶどうを食べると長生きできる？

ポリフェノールの一種であるレスベラトロールという、ぶどうの渋みのもととなる成分が世界的に注目されている。この成分が「長寿遺伝子を活性化させて寿命をのばす」とアメリカの研究チームが発表したことに起因する。日本でぶどうの品種改良に尽力した人物といえば江戸時代初期の医師・永田徳本だが、なんと118歳まで長生きしたとか。

イタリア人のぶどうのマナー

粒は茎から切り離す

粒を直接もぎ取ると、枝にすじが残り見ためがよくないため。数人で食べているときなどに。

タネはにぎりこぶしに

魚の骨などでそうするように、はき出す口元をかくすため。ほかのフルーツのタネでも同様に。

アンチエイジングに期待大。注目されるブルーム

皮の表面につく白い粉「ブルーム」。これは、ぶどう自身が病原菌などから身を守ったり、鮮度を保ったりするために作り出している物質で、虫歯予防やアンチエイジングに効果のある成分「オレアノール酸」が含まれることが明らかになっているが、抗酸化作用の高いオレアノール酸だが、従来の方法で抽出したものは品質が安定していなかった。2011年、ブルームを生成する酵素の遺伝子が発見され、その成分を合成することに成功。生産性が高まることにより、機能性食品や化粧品、医薬品の原料として、より多く利用されることが期待されている。

レシピ

巨峰のヴィシソワーズ
皮も加えてアントシアニンを

美容と健康に
その栄養価の高さからヨーロッパでは「畑のミルク」と呼ばれる。カリウムの効能により、高血圧を予防し利尿作用も高いため、むくみを解消し顔色がよくなる。またアミノ酸の一種であるプロリンが、シミや肌荒れを防いでくれる。

材料（2人分）
巨峰…6粒（皮をむき、皮は取っておく）
玉ねぎ…50g（薄切り）
じゃがいも…100g（薄切り）
コンソメスープ…2カップ
牛乳…1/2カップ
生クリーム…1/4カップ
バター（食塩不使用）…10g
塩・こしょう…少々

作り方
1. 鍋にバターを熱し、玉ねぎを炒め、じゃがいも、コンソメスープを加える。火が通ったら巨峰の皮を加えてひと煮立ちさせ、火を止め、牛乳を加えて粗熱をとる。
2. 1をミキサーにかけ、冷蔵庫で冷やし、生クリームを加え、塩、こしょうで味を調える。器に盛り、巨峰をのせる。

まるごとピオーネゼリー
皮を煮出して美しい色に

材料（2人分）
ピオーネ…18粒（皮をむき、皮は取っておく）
A｜水…大さじ1
　｜粉ゼラチン…3g
B｜白ワイン…1/2カップ
　｜水…1/4カップ
　｜グラニュー糖…25g
レモン汁…小さじ2
セルフィーユ（飾り用）…適宜

作り方
1. Aの水に粉ゼラチンをふり入れ、ふやかしておく。
2. 鍋にBとピオーネの皮を入れ、弱火で色がしっかり出るまで煮出したら皮を取り出し、果肉とレモン汁を加えてひと煮立ちさせる。
3. 2に1を加えて溶かし、器に流す。冷蔵庫で冷やし固め、セルフィーユを飾る。

品種群

「甲州」
1186年に雨宮勘解由が野生の山ぶどうのなかから形状の著しく異なるものを発見。それを自宅に持ち帰り栽培したのが、この品種の始まり。

「石原早生」
アメリカ系ぶどう、「キャンベルアーリー」の突然変異。大正4年に発見された。巨峰の親として有名。

「センテニアル」
ヨーロッパ系ぶどう「ロザキ」の突然変異。オーストラリアから日本へ持ち込まれた。

「マニキュアフィンガー」
系 ユニコーン×バラディ
時 9月初旬〜中旬
地 山梨県

皮はやわらかく、そのまま食べられる。パリパリとした食感が楽しい。

「ゴルビー」
系 レッドクイーン×伊豆錦
時 8月中旬〜下旬
地 山梨県

大粒でタネなし、果肉はややかためで上品な甘みを持つ。皮のあざやかな赤色が美しい。

「甲斐路（かいじ）」
系 フレームトーケー×ネオマスカット
時 9月初旬〜10月下旬
地 山梨県

まったりとした甘さで香りはマスカットに近い。晩生品種で皮ごと食べられる。

「ヒムロッドシードレス」
系 オンタリオ×トンプソンシードレス
時 8月上旬〜下旬
地 アメリカ

早生のタネなし品種。酸味が少なく、独特の風味がある。市場流通はほとんどしていない。

「ナイアガラ」
系 コンコード×キャサディ
時 8月下旬
地 アメリカ

昭和初期には多く生産されていたが、現在はおもにジュース用。ほかの品種にない、独特の強い香りが魅力。

「スチューベン」
系 ウェイン×シェリダン
時 8月下旬〜9月中旬
地 アメリカ

酸味が少なく、はちみつに似た甘みを持つ。黒皮でやや粒は小さい。

「瀬戸ジャイアンツ」

パリッと皮ごと食べられる大粒種

1979年に岡山県「花澤ぶどう研究所」の野球好きの花澤氏により交配された高級人気種。抜群の糖度もさることながら、皮がやわらかく、タネなしで、まるごと食せるのが人気の秘密。栽培に手間と時間がかかるため、生産量が少なく、やや高値になる。赤いシミが浮き出てきたら食べごろ、傷んでいるわけではないので安心を。桃太郎ぶどうという商標名も。

「ルビーオクヤマ」
系 マスカット オブ イタリア突然変異
時 9月上旬〜中旬
地 ブラジル

その名のとおりルビーのような美しい紅色の皮。適度な甘みとマスカット系の強い香り。

品種群

「甲州三尺」
「甲州」の突然変異で、山梨県で発見された。別名、三尺。甘みが強く多汁。

「コンコード」
1843年にアメリカ・マサチューセッツ州で誕生。日本には明治初期に導入された。

「ロザキ」
「白いぶどう」の意。イタリアを中心に世界のぶどう産地で栽培されている。

「レッドグローブ」
時 10月〜翌6月
地 アメリカ

粒がとても大きく、皮はあざやかな赤紫色。日持ちがよく、船便で大量に輸入できるため安値で店頭にならぶ。皮ごと食べられる。

「トンプソン」
時 6月〜翌1月
地 中国

軽い酸味があり、さわやかな食味。レーズン用にも多く利用される。

「デラウェア」
時 7月初旬〜8月中旬
地 アメリカ

日本人にとてもなじみ深い、小粒のタネなし品種。糖度が高く、酸味が少ないため、子どもでも食べやすい。オハイオ州デラウェアで発見された。

「ロザリオビアンコ」
系 ロザキ×マスカット オブ アレキサンドリア
時 9月初旬〜下旬
地 山梨県

濃厚だがクセのない甘みと、親ゆずりの上品な香りが特徴。

「藤稔」(ふじみのり)
系 井川682×ピオーネ
時 8月中旬〜9月初旬
地 神奈川県

粒は大きいもので500円玉サイズの超特大になる。多汁で皮離れがよい。

山ぶどう
滋養強壮に効果大

甘酸っぱい酸味が特徴で、生食には向かない。しぼった果汁をジュースや酒に利用する。ポリフェノールや鉄分の含有量が通常のぶどうより多い。

「ピッテロビアンコ」
時 9月下旬〜10月初旬
地 イタリア

レディーフィンガーとも呼ばれる、特徴的な美しい果形。ポリポリと皮ごと食べられる。

「ピオーネ」
系 巨峰×カノンホールマスカット
時 8月中旬〜9月初旬
地 静岡県

食味のよさ、大粒の食べごたえ、手ごろ感から、近年では巨峰をおびやかす人気となっている。

手作りレーズン

余ったときや熟しすぎて「食べるにはちょっと…」というときは、ぜひ手作りレーズンにチャレンジを。天日干しには数日間要するが、オーブンでも可能。市販品とは違い、好みの水分量に調整できるのがうれしいところ。

大粒のものなら130℃に予熱したオーブンで約2時間加熱すれば、半熟状のジューシーレーズンに。かためがよければ、さらに加熱しよう。焦げないよう注意を。

加工食品

トンプソンレーズン
日本に輸入されているもののなかでは、これがもっとも一般的。カリフォルニア産。パンや菓子に幅広く使われる。

グリーンレーズン
マスカットを陰干ししたもので、おもに中国で生産されている。ほかのレーズンとまぜて使えば見ためもあざやかに。

サルタナレーズン
サルタナというタネなし品種を乾燥させたもの。ほかと比べて天日干しの時間が少ないため明るい色合いに。

枝つきレーズン
完熟したぶどうを枝つきのまま天日乾燥させるので、通常のものより熟度が高い。ワインやチーズにぴったり。

レーズンの栄養

レーズンは果実を濃縮したものなので、カリウム、カルシウム、鉄などのミネラル類、ビタミンE、B₁、食物繊維などを大量に含む高栄養価食品となる。そのぶんエネルギーも高くなるので、食べすぎには注意すべき。

レシピ

イワシとレーズンの香りパン粉焼き

香ばしさと上品な甘みを楽しめる

材料（2人分）
- レーズン…20g（水で戻し、水気をきる）
- イワシ…4尾（腹開きにし、水気をふく）
- にんにく…1/2かけ（みじん切り）
- A ┃ パン粉（ドライ）…20g
- A ┃ 松の実…10g
- A ┃ パセリ…大さじ1/2（みじん切り）
- オリーブオイル…大さじ2
- 塩・こしょう…少々
- レモン…1/8個（くし形に切る）

作り方
1. フライパンにオリーブオイル半量とにんにくを熱し、Aを加えてパラパラになるまで炒める。塩、こしょうで味を調え、レーズンを加えてまぜ合わせる。
2. 天板に残りのオリーブオイルをぬり、イワシを皮目を下にして並べて1をのせる。190℃に予熱したオーブンで約10分焼く。
3. 器に2を盛り、レモンを添える。

品種群

「白峰」
巨峰系にはめずらしい緑黄色の品種。大粒で甘みが強い。

「レッドクイーン」
1981年に登録された、大粒で皮が淡紫色の品種。甘みがとても強い。

「レッドパール」
「デラウェア」の突然変異で誕生した、早熟で赤褐色の小粒品種。

「サニールージュ」
系 ピオーネ×レッドパール
時 8月上旬
地 広島県

粒は子どもでも食べやすいひと口サイズで、食味は抜群。「デラウェア」を大きくしたような外見。

「ネオ・マスカット」
系 マスカット オブ アレキサンドリア×甲州三尺
時 8月初旬～9月下旬
地 岡山県

露地栽培できるマスカットとして普及した。酸味が少なく、弾力のある肉質。

「マスカットベリーA」
国産ワインの原料としても優秀

「日本のワインの父」と称される川上善兵衛によって誕生した日本初の醸造用品種。糖度は20度前後にもなり、濃厚な甘みを持つ。国内改良種を原料としたワインのなかでは、最良のものができるとされる。

「多摩ゆたか」
系 白峰×不明
時 8月下旬
地 東京都

ぶどう狩り用の品種として多く栽培されている。多汁で上品な甘み。

「シャインマスカット」
系 安芸津21号×白南
時 8月中旬
地 広島県

マスカット系のなかでもとくに甘く、今後の流通量が増えると予測される品種。マスカット系にはめずらしくタネがないのも特徴。

「ナガノパープル」
系 巨峰×リザマート
時 9月上旬
地 長野県

巨峰をさらに食べやすく、タネをなくし、皮まで食べられるよう改良した品種。

「フレーム・シードレス」
時 11月～翌3月

果肉がよく締まっているが、果汁たっぷりで甘みも強い輸入ぶどう。

ぶどうじゃない!?
ハマベブドウ

大西洋、太平洋岸の熱帯地域と米国の亜熱帯地域の海岸に広く分布するタデ科の背の低い木。観葉植物としても人気だが、果実に甘みがあり食べられる。

その他

ブルーベリー
blueberry

眼精疲労にアントシアニン

日本で本格的な栽培が始まったのは1980年代後半とされています。健康効果、とくに目によいと関心を集め、ガーデニングブームも重なって家庭で栽培する人も増えました。ブルーの色素であるアントシアニンが、視野を広くしたり夜間視力を向上させたりする有効成分。1日40g、約20〜30粒で効果が期待できるといわれています。

また、食物繊維の含有量が生果ではトップクラス。整腸作用を助け、便秘解消や大腸ガンの予防効果が期待できます。

おいしいカレンダー

5　6　7　8　9　10
長野、茨城、群馬
● おいしい時期

生産地
長野、群馬、茨城

目が疲れたらドライベリー

目の活力を促進させる働きがあるのがアントシアニン。生よりもドライを摂取するほうが手軽に食べられるのでおすすめ。

大粒なもののほうが甘い

パックに入っているものは、下のほうがつぶれていないか注意

皮の色が濃く、ブルームが多い

💧 **美容効果**
アントシアニンは老化やガンの予防にも有効。成長期の骨の発育を促すマンガンが多く含まれ、ビタミンEも豊富。

ポリフェノールたっぷり 赤ワインと3種のベリースムージー

材料（1人分）
ブルーベリー（冷凍）…20g
ラズベリー（冷凍）…20g
いちご…20g（ヘタを取る）
赤ワイン…1/2カップ
水…1/4カップ
はちみつ…小さじ2

作り方
すべての材料をミキサーにかけ、グラスに注ぐ。

品種の分類

品種が多く200種類以上にのぼる。日本には先にラビットアイタイプの品種が1962年に導入され、遅れてハイブッシュタイプの品種が導入され北関東や北陸などの冷涼な地域で栽培されるようになった。

寒冷地で育つ
・ **ハイブッシュタイプ**
　ノーザンハイブッシュグループ
　サザンハイブッシュグループ
　ハーフハイブッシュグループ

温暖地域で育つ
・ **ラビットアイタイプ**

Data
学名：*Vaccinium* spp.
分類：ツツジ科スノキ属
原産地：アメリカ
仏名：myrtille
独名：Heidelbeere

保存法
生果は密閉容器に入れて冷蔵庫に。あまり日持ちしないので、キッチンペーパーに包んで冷凍するのがおすすめ。ドライは半年くらい保存可能。

下準備
洗うと水っぽくなるうえにビタミンCも流出してしまうので、傷んだものだけを取り除く。

食品成分表
（生・可食部100gあたり）

エネルギー……48kcal
水分……86.4g
たんぱく質……0.5g
脂質……0.1g
炭水化物……12.9g
ビタミン　A　β-カロテン当量
　　　　　　　……55μg
　　　　C……9mg
　　　　E　α-トコフェロール
　　　　　　　……1.7mg
食物繊維総量……3.3g

レシピ

甘みと塩味の意外な組み合わせ
ブルーベリーとじゃがいものチーズ焼き

ベリーたっぷり。ぜいたくなドルチェ
バニラアイス ベリーのバルサミコマリネ添え

材料（作りやすい分量）
A
- いちご…2粒（4等分に切る）
- ラズベリー…30g
- ブルーベリー…30g
- ドライクランベリー…30g（水で戻す）
- バルサミコ酢…小さじ2

B
- はちみつ…15g
- ミントの葉…5枚（粗みじん切り）

バニラアイスクリーム…150g

作り方
1. ボウルにBを入れてまぜ、Aを加えて和え、冷蔵庫で冷やす。
2. 器にバニラアイスクリームを盛り、1を添える。

材料（2人分）
A
- ブルーベリー…60g
- 水…大さじ2
- 砂糖…小さじ1

じゃがいも…300g（薄切り）
玉ねぎ…150g（薄切り）
ベーコン…30g（粗みじん切り）
バター…30g
塩・こしょう…少々
ピザ用チーズ…60g

作り方
1. 小鍋にブルーベリーとAを入れて火にかけ、つぶしながら少し煮詰めて火を止める。
2. フライパンにバター半量を熱し、焦げめがつくまでじゃがいもを炒め、取り出しておく。
3. 2のフライパンに残りのバターを熱し、玉ねぎとベーコンを入れ、甘みが出てしんなりするまで炒める。2を戻して炒め合わせ、塩、こしょうで味を調える。
4. グラタン皿に3を敷き詰め、上に1をのせ、ピザ用チーズをちらし、オーブントースターで焦げめがつくまで焼く。

その他

ラズベリー

raspberry

西洋木苺

Data
学名：*Rubus* spp.
分類：バラ科キイチゴ属
原産地：ヨーロッパ、北アメリカ
仏名：framboise
独名：Himbeere

保存法
生果は日持ちしないので、すぐに使わない場合はキッチンペーパーに包んで冷凍。

下準備
手早く水洗いし、水きりの際はつぶさないように注意する。

食品成分表（生・可食部100gあたり）
エネルギー……………………36kcal
水分…………………………88.2g
たんぱく質……………………1.1g
脂質……………………………0.1g
炭水化物………………………10.2g
無機質　鉄……………………0.7mg
ビタミン　葉酸………………38μg
　　　　　パントテン酸……0.43mg
食物繊維総量…………………4.7g

香り成分にダイエット効果あり

世界各地に分布する木いちごの一種。発ガン性物質の働きを抑え、美白効果もあるといわれるエラグ酸やアントシアニンなどのポリフェノールを多く含むのが特徴です。

また、ラズベリーケトンという香り成分が、脂肪と脂肪分解酵素リパーゼを結びつける働きをするため、皮下脂肪を減少させるといったダイエット効果に注目が集まっています。

生食もしますが、甘みは少ないので、ジャムやゼリー、果実酒、菓子などの加工に多く用いられます。

おいしいカレンダー
5　**6**　**7**　**8**　9　10
北海道、長野　●おいしい時期

生産地
長野、北海道

香りがよく、全体が濃く色づいている

栽培種は北アメリカやヨーロッパ原産の赤ラズベリーと北アメリカ原産の黒ラズベリーが中心。

レシピ
パンナコッタのラズベリーソース
甘酸っぱいソースがたまらない

材料（4人分）
ラズベリー……100g
A｜水……3/4カップ
　｜グラニュー糖……50g
B｜水……大さじ2
　｜粉ゼラチン……6g
C｜生クリーム……1カップ
　｜牛乳……1カップ
　｜グラニュー糖……45g

作り方
1. 小鍋にラズベリーとAを入れ、木べらでつぶしながらとろみがつくまで煮る。粗熱をとり、冷蔵庫で冷やす。
2. Bの水に粉ゼラチンをふり入れ、ふやかしておく。
3. 小鍋にCを入れ、沸騰直前まで温め、2を加えて溶かし、こしながらボウルに移す。氷水に当て、ときどきまぜながら、とろみがつくまで冷やす。
4. グラスをバットなどに立てかけて動かないように固定し、3を注ぎ入れ、冷蔵庫で冷やし固め1を注ぐ。

その他

ブラックベリー | 西洋藪苺
blackberry

甘酸っぱさが バテない体をつくる

白いっぱいに甘酸っぱさが広がるブラックベリーは、欧米では夏のフルーツとして人気です。

ポリフェノールの一種であるアントシアニンを豊富に含むもので、目の健康維持や疲労回復効果が期待できます。

また、ポリフェノールの一種であるエラグ酸やビタミンCも豊富なため、美容と健康に有効な成分を持つ、小さいけれど頼もしい果実です。

Data
- 学名：*Rubus* spp.
- 分類：バラ科キイチゴ属
- 原産地：北アメリカ
- 仏名：ronce
- 別名：セイヨウヤブイチゴ（西洋藪苺）

保存法
生果は日持ちしないので、すぐに使わない場合はキッチンペーパーに包んで冷凍。

下準備
食べる1〜2時間前に冷蔵庫に入れて冷やしておく。軽く水で洗う。

健康効果
ほかに食物繊維、カリウム、鉄を含むものを、整腸作用や利尿作用によって体調をととのえてくれる。

黒く熟したもの。赤みの残っているものは未熟

ラズベリーの果実は空洞なのに対して、ブラックベリーはずっしりと重くて、黒光りする。

クランベリー | 蔓苔桃
cranberry

ピロリ菌から胃を、細菌から膀胱を守る

ビタミンCの含有量が高く、フラボノイド類も豊富ですが、特筆すべきはポリフェノールの一種であるプロアントシアニジンという成分です。

これはピロリ菌が胃の粘膜に付着するのを防ぎ、膀胱粘膜に細菌がつくのを防いで、胃潰瘍や膀胱炎を予防する効果があるとされています。

七面鳥の丸焼きに添えるクランベリーソースの食材でもあります。

Data
- 学名：*Vaccinium macrocarpon*
- 分類：ツツジ科スノキ属
- 原産地：北アメリカ、ヨーロッパ
- 仏名：airelle
- 独名：Moosbeere、Preiselbeere

保存法
生果は日持ちしないので、すぐに使わない場合はキッチンペーパーに包んで冷凍。

美容効果
ビタミンCが豊富なことから、シミ、シワを防ぎ、夏の紫外線対策にも。低カロリー、低脂肪で食物繊維も多いので、健康食品としても評価は高い。

形がいびつでない

赤く熟しているもの、白いものは未熟

104

レシピ

豚レバーのブラックベリーソース
甘酸っぱいソースが臭みを消してくれる

材料（2人分）
ブラックベリー（冷凍）…60g
豚レバー…250g（流水にさらして血抜きをし、薄切り）
A | 塩・こしょう…少々
  | 小麦粉…適量
バター…20g
ワインビネガー…大さじ1と1/3
ベビーリーフ…適量

作り方
1. 豚レバーはAの塩、こしょうで下味をつけ、小麦粉をまぶす。
2. フライパンにバターを熱し、1を全体に焼き色がつくまで炒め、器に盛る。
3. 2のフライパンにブラックベリー、ワインビネガーを入れて、木べらでつぶしながら煮詰める。
4. 2に3のソースを少しかけ、ベビーリーフを添える。

クランベリーの冷製パスタ
ビタミンCたっぷりで体においしい

材料（2人分）
ドライクランベリー…50g（水で戻す）
A | トマト…小1個（湯むきし、5mm角に切る）
  | 玉ねぎ…50g（5mm角に切る）
  | 黄パプリカ…30g（5mm角に切る）
  | きゅうり…1/2本（5mm角に切る）
B | トマトジュース（加塩）…1/2カップ
  | オリーブオイル（エキストラバージン）…大さじ3
  | ワインビネガー…大さじ1
  | レモン汁…大さじ1
カッペリーニ…160g
塩・こしょう…少々

作り方
1. ボウルにドライクランベリーとAの野菜を入れ、Bを加えてまぜ合わせる。塩、こしょうで味を調え、冷蔵庫で冷やしておく。
2. 鍋にたっぷりの湯を沸かし、塩（分量外）を加え、カッペリーニをゆでる。表示時間より少し早めにザルに上げ、氷水に入れて冷やす。水気をよくきって器に盛り、1のソースをかける。

その他

かき

persimmon

生活習慣病から二日酔いにまで効く驚きのパワー

奈良時代から栽培されてきたフルーツで、当初はすべて渋柿でしたが、鎌倉時代に入って甘柿が誕生し、江戸時代以降、品種が増えました。

豊富なビタミンCとカロテンが、健康な肌と風邪に負けない強い体作りをサポートします。カリウム、食物繊維も多く、ひとつで多くの生活習慣病を防げることになり、「柿が赤くなると医者が青くなる」が薬効の強さを示すという説も、それなりの根拠があるようです。

アルコール分解作用のあるタンニンも含み、二日酔い解消にも効果的です。

おいしいカレンダー

8　9　10　11　12　1
和歌山、奈良、福岡
● おいしい時期

生産地

福岡
奈良
和歌山

タネのまわりとお尻がいちばん甘いので、縦割りにすると均一な甘さで食べられる。

ヘタは緑色で、形がきれいなもの。果実に貼りついている

赤くあざやかで、全体にハリ、ツヤがある

黒い斑点が多いほうが甘い品種もある

次郎

時　10月中旬〜11月下旬
地　静岡県

江戸時代末期から栽培される、晩生の甘柿。肉質は緻密で、ややかため。四角張った形が特徴。

渋抜き

強い渋みのある渋柿はそのままでは食べられないので、渋抜きが必要。

アルコール法

焼酎（25〜35°）を皿に入れ、ヘタの部分を軽くひたすか、または吹きかけ、厚さ0.08mmのポリ袋に詰め、密封して室温に放置。約1週間で渋が抜ける。

ドライアイス法

果実量の100分の1〜2のドライアイスを新聞紙に包み、厚さ0.1mmのポリ袋に入れ、柿といっしょに密封。約5日で渋が抜ける。

柿

Data

学名：*Diospyros kaki*
分類：カキノキ科カキノキ属
原産地：日本、中国
仏名：kaki、plaquemine
独名：Kakipflaume

地方名：えどいち（栃木県）
　　　　かっか（三重県一部）
　　　　にたり（群馬・山梨・和歌山県）

保存法

ポリ袋に入れて冷蔵庫の野菜室に。柿はヘタで呼吸しているため、ぬらしたティッシュをヘタに当て、逆さに置いておくと熟すのを遅らせられる。

食品成分表
（甘がき・生・可食部100gあたり）

エネルギー	63kcal
水分	83.1g
たんぱく質	0.4g
脂質	0.2g
炭水化物	15.9g
無機質　マンガン	0.50mg
ビタミン　A　β-カロテン当量	420μg
C	70mg
食物繊維総量	1.6g

💧 美容効果

生食はもちろんだが、手軽に飲める柿の葉茶もおすすめ。加熱に強いビタミンCが豊富でメラニン色素を抑制し、美肌効果、美白効果が期待できる。風邪予防、高血圧予防などにも。

加工食品

つるし柿
縄や糸に結んで吊るし天日干ししたもの。ほかに、竹串に刺して干す「串柿」などもある。

あんぽ柿
渋柿を硫黄燻蒸した半生タイプで、水分が50％前後残っているもののこと。

ころ柿
わらを敷いた樽のなかで八日ほど寝かせて作る。糖分が表面に浮き出して白い粉を吹いたようになる。

柿餅
中国の干し柿。日本とは違い、ザルなどに並べて干し、水分の抜けたところで平たくつぶして餅状にする。

甘柿・渋柿の分類

種類は多いが、大まかには"甘柿"と"渋柿"に分類される。渋柿は果実が熟しても果肉がかたいうちは渋が残る柿のこと。甘柿は渋柿の突然変異と考えられ、未熟時は渋いが熟すにつれ渋が抜け、甘みが強くなる日本特産の品種。さらに甘柿にはタネができるとそのまわりに黒褐色の斑点ができて渋が抜ける不完全甘柿と、タネができるできないにかかわらず渋が抜ける完全甘柿とがある。

皮は捨てずに料理に利用

ザルなどにのせ、風通しのよいところに干して使用。ほんのりした甘みがほしいときの砂糖代わりに。

砂糖を使った場合と比較すると、しつこくない、さっぱりとした甘さに仕上がる。カレイなど煮魚料理に適している。

大根との相性が◎

ビタミンCをたっぷり含む柿は消化をよくする大根との食べ合わせがよい。なじみのある"柿と大根のなます"がまさにそれ。

ヘタの煎じ汁でしもやけ予防

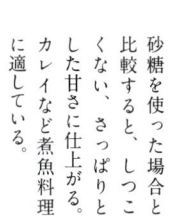

ヘタを煮つめた煎じ汁はしゃっくりを止める作用があるといわれるが、しもやけ予防にも効果が。手や足の血行が悪い人はぬって予防しよう。

品種群

「富有」
- 地：岐阜県
- 時：11月中旬～12月初旬

晩生の代表的な甘柿。肉質は若干粗いが、なめらかで甘みが濃い。地域適応が広く、多くの地域で栽培される。

「横野」
- 地：山口県
- 時：11月中旬～11月下旬

皮はなめらかで、光沢があり見栄えがよい。果肉はやや粉質だが、緻密で歯切れがよい。流通量は少ない。

「愛宕」
- 地：愛媛県
- 時：11月中旬～翌2月下旬

愛媛県西条市で古くから栽培されてきた渋柿。品質は中程度だが、非常に日持ちがよいので、ほかの柿がない時期に出回る。

「早秋」
- 系：伊豆×（興津2号×興津17号）
- 地：広島県
- 時：9月下旬～10月中旬

極早生の甘柿。大玉で皮はあざやかな紅色になる。緻密で果汁が多い。

「平核無」
- 地：新潟県
- 時：10月下旬～11月中旬

別名、庄内柿、八珍、おけさ柿などとも呼ばれる渋柿。タネがなく、甘みが強い。

「西村早生」
- 系：富有×赤柿（推測）
- 地：滋賀県
- 時：9月下旬～10月中旬

淡い橙色の皮で、食味はやや淡白な甘柿。西村は発見された土地の所有者の名字。

シャロンフルーツ
イスラエルからの使者

シャロンとは産地の地域名。品種名ではなく、イスラエル産渋柿の登録商標。日本のものより小ぶりだが、甘みは引けを取らない。また皮が薄いので、むかずに食べられる。欧米でも人気が高く、サラダにしたり、ヨーグルトやアイスクリームのトッピングにしたりして楽しまれている。

「紋平柿」
- 地：石川県
- 時：10月下旬～12月上旬

かなりの大玉で、果重は240～280gもある渋柿。肉質は発らかで、やわらかい口当たり。石川県特産の品種。

108

体を冷やす

栄養価は高いが体を冷やす作用が強いことが短所でもある。渋み成分のタンニンとカリウムが多いことが要因と考えられる。体が冷えると血液循環が悪くなるので、胃腸が弱いか弱っている人、冷え性や貧血の人はひかえて。

レシピ

柿のキムチ和え
お酒にもご飯にも合う一品

材料（2人分）
A [
　柿…1/2個（棒状に切る）
　豆もやし…1/4袋（サッとゆで、水気をきる）
　キムチ…100g（1cm幅に切る）
]
しょうゆ…少々

作り方
ボウルにAを入れ、しょうゆを加えて味をなじませ、器に盛る。

干し柿のおやき
昔ながらの素朴なおやつ

材料（2人分）
干し柿…2個（正味40g・1cm角に切る）
玉ねぎ…50g（みじん切り）
豚ひき肉…50g
なす…70g（1cm角に切る）
A [
　みそ…大さじ1
　砂糖…大さじ1
　しょうゆ…小さじ1
　酒…小さじ1
　七味唐辛子…少々
]
B [
　じゃがいも…250g
　薄力粉…40g（ふるう）
　塩…小さじ1/4
]
サラダ油…大さじ1/2

作り方
1. フライパンにサラダ油を熱し、玉ねぎを入れて炒め、しんなりしてきたら豚ひき肉を加えて炒める。干し柿となすを加えてさらに炒め、Aを加えて味を調え、4等分にする。
2. Bのじゃがいもは皮つきのまま蒸し、熱いうちに皮をむいてボウルに入れる。薄力粉と塩を加え、粉気がなくなるまで手で練り、4等分にする。
3. 2を平たく広げ、1をのせて包む。
4. フライパン（テフロン加工）を熱し、3を並べ、フタをして弱火で両面に焦げめがつくように焼く。

品種群

「西条」
地 広島県
時 10月中旬〜11月中旬

外見はずんぐりしたロケット形で、縦にみぞのある渋柿。肉質は緻密で上品な甘み。

「刀根早生(とねわせ)」
系 平核無突然変異
時 9月下旬〜10月上旬
地 奈良県

「平核無」の突然変異。果実の品質はほぼ同じで、約2週間早く収穫できる渋柿。

「太秋(たいしゅう)」
系 富有×ⅡiG–16
時 10月中旬〜11月中旬
地 広島県

平成7年に品種登録された、柿のなかでは新しい甘柿品種。多汁だが、サクッとした歯ごたえ。甘みも強い。

紀ノ川
黒砂糖をまぶしたような茶色の果肉

和歌山県の紀ノ川沿いで栽培される「平核無」で、木になったまま渋抜きをした熟柿。独特の果肉の色は、この脱渋法により、渋みの成分であるタンニンが固形化することによる。樹上でじっくりと完熟させるため、甘みも強くなる。木になったまま一つひとつに袋がけしていくため非常に手間がかかり、流通量はとても少ない。

「花御所(はなごしょ)」
地 鳥取県
時 11月中旬〜12月中旬

因幡地方の甘柿で200年以上前から栽培されている。肉質はきめ細かく、果汁豊富。

「筆柿」
地 愛知県
時 9月中旬〜11月中旬

その名のとおり、筆の先のような形の甘柿。コクがあり、濃厚な甘さ。

「富士」
地 愛媛県
時 11月上旬〜下旬

大きな渋柿で干し柿に向く。逆さにすると富士山の形に似ていることから名づけられた。別名は甲州百目や蜂屋。

「鶴の子柿」
京都府宇治田原町の干し柿「古老柿(ころがき)」に使われる。茶園の霜よけとして、古くから植えられていた。

110

レシピ

口溶けよく仕上げた 柿の黒糖シャーベット

材料（2人分）
柿…1個（みじん切り）
牛乳…1カップ
黒糖（粉末）…40g

作り方
1. 鍋に牛乳を入れ、沸騰直前まで温め、黒糖を加えて溶かし、冷ます。
2. 1に柿を加えてまぜ合わせ、バットに流し入れ、冷蔵庫で冷やし固める。途中3回ほどかきまぜて空気を含ませ、器に盛る。

しっかり下味をつけるのがコツ 柿の白和え

材料（2人分）
柿…1/2個
　（皮をむいてタネを除き、1cm角に切る）
木綿豆腐…150g
にんじん…15g（短冊切り）
しいたけ…1枚（薄切り）
A｜だし汁…35cc
　｜砂糖…大さじ1
　｜しょうゆ…大さじ1/3
　｜すり白ごま…2.5g
B｜上白糖…大さじ3/4
　｜塩…少々

作り方
1. 木綿豆腐はペーパータオルに包み、電子レンジで2分間加熱し、水きりする。
2. にんじん、しいたけは下ゆでし、水気をきり、柿とともにAにつけて味をなじませる。
3. すり鉢（又はフードプロセッサー）に1を入れてよくすり、Bを加え、粘りが出るまでよくする。
4. 3に柿、汁気をきった2を加え、サッとまぜ合わせて器に盛る。

その他

キウイフルーツ
kiwi fruit

支那猿梨

スプーンで食べるビタミンC

甘みと酸味のバランスがちょうどよく、独特の食感、食べやすさから人気の高いキウイフルーツ。ニュージーランド産というイメージが強いですが、国産の生産量も伸びています。

栄養面では周知のビタミンCをはじめ、食物繊維、カリウムなどのミネラルが豊富で美肌、疲労回復、ストレス解消、整腸などに有効とされています。たんぱく質分解酵素のアクチニジンを含むのも大きな特徴で、肉料理と食すと消化が促進され、胃もたれを防いでくれます。ただし加熱で酵素の働きはなくなるので注意を。

おいしいカレンダー
11　12　1　2　3　4
愛媛、福岡、和歌山
◆おいしい時期

生産地
愛媛
福岡
和歌山

枝についていた側がかたく、下になっていた側が甘い。縦に切ると均一な甘さで食べられる。

3
2
1

「ヘイワード」
国産：11月〜翌5月
地：ニュージーランド

世界でもっとも多く栽培され、日本でも主要な品種。通称グリーンキウイ。

食べごろ
軽く握って、弾力とやわらかさを感じたら、食べる2時間ほど前に冷蔵庫で冷やすと美味

皮の色が濃すぎない

皮の茶色いうぶ毛が全体に均一に密に生えている

💧美容効果
ビタミンCは熱に弱いが、キウイフルーツは生食できるのでしっかり吸収できる。シミ、ソバカス、シワ、たるみ、紫外線対策にも効果的。ほかにビタミンE、カリウム、カルシウム、食物繊維が豊富で、女性にうれしい健康効果も期待できる。

さっぱり美肌ジュース
キウイゆずジュース

材料（1人分）
A ┃ キウイフルーツ…1個（ざく切り）
　 ┃ ゆずの果汁…大さじ1
　 ┃ はちみつ…小さじ2
　 ┃ 水…1/2カップ
ゆずの皮（飾り用）…適量（せん切り）

作り方
Aをミキサーにかけ、氷適量（分量外）を入れたグラスに注ぎ、ゆずの皮を飾る。

Data
学名：*Actinidia chinensis*
（黄色系品種）
Actinidia deliciosa
（緑色系品種）
分類：マタタビ科マタタビ属
原産地：中国
別名：オニマタタビ、シナサルナシ

保存法
冷蔵庫で3〜4か月保存可能。未熟なものはりんごといっしょにビニール袋に入れておくと早く熟す。

下準備
大量に手で皮をむく場合は、キウイの酵素で手が痛くなってしまうので、ゴム手袋をしたほうがよい。

食品成分表
（緑肉種・生・可食部100gあたり）
エネルギー	51kcal
水分	84.7g
たんぱく質	1.0g
脂質	0.2g
炭水化物	13.4g
無機質　カリウム	300mg
ビタミン　C	71mg
E　α-トコフェロール	1.3mg
食物繊維総量	2.6g

品種群

「レインボーレッド」

地：静岡県
時：10月下旬～11月下旬

赤いグラデーションが美しい。極早生で、酸味が少なく、高糖度。

ゼスプリ・ゴールドキウイ

時：輸入…5月～8月 国産…11月～翌1月
地：ニュージーランド

ゼスプリ社が育成した黄色系品種。酸味が少ないので食べやすい。国内では愛媛と佐賀でも栽培されている。

「香緑（こうりょく）」

系：ヘイワード×不明
時：11月～翌年1月
地：香川県

香川県でヘイワードから選抜育成した品種。ヘイワードより細長く、糖度が高い。

サルナシ

日本にも自生

東北以北では古くから親しまれており、別名コクワとも呼ばれている。マタタビの仲間で、猿や熊の大好物。果実酒やジャムにして利用することが多く、よく熟したものは生食もできるし薬用植物で健康効果も期待できる。

ベビーキウイ

時：チリ産…2月～3月 アメリカ産…9月～10月
地：日本、東アジア

輸入したサルナシの総称。日本から持ち出されたものが逆輸入されている。

レシピ

キウイフルーツと青じそのシャーベット

甘酸っぱさと香りの取り合わせ

材料（2人分）
キウイフルーツ…2個
青じそ…2枚（みじん切り）
A｜コンデンスミルク…大さじ1
　｜牛乳…大さじ3

作り方
1. キウイフルーツは半分に切り、果肉をスプーンでくりぬき、皮は器にする。
2. Aと果肉をミキサーにかけ、ボウルに移し、青じそを加えてまぜ、冷凍庫で冷やし固める。
3. 2が固まりかけたら、スプーンで全体をかきまぜる。この作業を2回くらい繰り返し、シャーベット状にして皮の器に盛る。

その他

いちじく
fig

無花果

食物繊維のペクチンが整腸作用を促す

プチプチの食感とやさしい甘さが特徴的で聖書にも登場し、古くから薬効の高さが知られています。

高血圧の原因となるナトリウムを排泄して血圧を正常に保つ働きをするカリウムが豊富で、食物繊維、とりわけペクチンに富んでいるため大腸の働きを活発にし便秘を解消してくれます。糖尿病、高血圧、脂質異常症の予防にも効果を発揮します。また消化酵素が含まれているので、胃腸の働きが弱いか低下している際は積極的に摂りたいフルーツです。

おいしいカレンダー

7　8　9　10　11　12
愛知、和歌山、兵庫
　　　　　●おいしい時期

生産地

兵庫
愛知
和歌山

● 歴史

アラビア半島あたりが原産といわれ、古代エジプトの壁画にも描かれている。日本には江戸時代に中国から長崎に渡来し、当初は薬用として栽培されていた。

皮にハリと弾力がある。傷のないもの

ふっくらと大きく、全体に赤みがまわっている

[食べごろ]
お尻が開いているものは完熟している。割れてしまったものは熟しすぎ

「桝井ドーフィン」

[地] アメリカ　[時] 8月～10月

日本ではもっともシェアの高い品種。ほどよい甘みと、さっぱりとした風味。広島の桝井光次郎氏が明治42年にアメリカから持ち帰った。

痔、水虫、イボ取り…万能薬？の白い汁

いちじくに見られる白い乳液状のものは、フィシンと呼ばれるたんぱく質分解酵素。外用薬としてぬる。葉の煎じ汁で痔の患部を洗うのも効果的。

プチプチの食感がうれしい
ココナッツミルクジュース

材料（1人分）
ドライいちじく…20g（水で戻し、水気をきる）
牛乳…1/2カップ
ココナッツミルク…1/4カップ
きび砂糖…7g

作り方
すべての材料をミキサーにかけ、氷適量（分量外）を入れたグラスに注ぐ。

Data
学名：Ficus carica
分類：クワ科イチジク属
原産地：アラビア半島
仏名：figue
独名：Feige

地方名：からがき
　　　（中部・近畿一部）
　　　とーがき（全国各地）

保存法
日持ちしないので、入手後すぐに食べたほうがよい。残ってしまった場合は、ひとつずつラップで包み冷蔵庫へ。

食品成分表（生・可食部100gあたり）
エネルギー……………57kcal
水分………………………84.6g
たんぱく質………………0.6g
脂質………………………0.1g
炭水化物………………14.3g
無機質　カリウム……170mg
ビタミン A　β-カロテン当量
　　　………………………18μg
　　　葉酸…………………22μg
食物繊維総量……………1.9g

● 美容効果
フィシンというたんぱく質分解酵素が含まれている。消化を促進してくれるので、食後のデザートに食すとよい。

114

加工食品

干し白いちじく（トルコ産）
いちじくの祖国であるトルコで生産されたもの。皮がやわらかく大粒で果肉が多い。

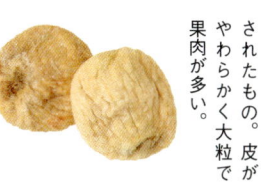

干し黒いちじく
カリフォルニア産の乾果用品種を使ったもの。甘みがほどよく食べやすい。またカリフォルニア州にはいちじくに関する厳しい規格が定められているため、安全性が高い。

干し白いちじく（イラン産）
小粒で実が締まっているのが特徴。料理の材料にするより、そのまま食べるのがおすすめ。

生も、干したものも、ともに和菓子、洋菓子に利用されることが多い。干しいちじくは水分が減るぶん、ミネラルの含有量が増える。カロテンとビタミンC以外のビタミンのほか、食物繊維も増える。ただし、整腸作用が強いので食べすぎは避けたい。

品種群

「ビオレ・ソリエス」
時 8月下旬～11月中旬
地 フランス

フランス原産で、同国やトルコでは主流の品種。果肉がやわらかく、糖度が高い。皮の濃い紫色が特徴。

「バナーネ」
時 8月下旬～10月上旬
地 フランス

皮が淡い緑色で、「桝井ドーフィン」よりもひとまわり大きい。酸味がなく、ねっとりとした肉質。

「蓬萊柿（ほうらいし）」
時 8月下旬～11月上旬
地 中国

早生日本種とも呼ばれ、古くから、おもに西日本で栽培されている。上品な甘みとほどよい酸味。日持ちしない。

「カドタ」
時 7月中旬～8月中旬
地 イタリア

家庭栽培用としての流通も多い。かわいいひと口サイズで、甘みも充分。

「とよみつひめ」
時 8月下旬～9月下旬
地 福岡県

福岡県限定のブランド品種。果肉部分が肉厚でトロリとした食感。糖度も高い。

「ザ・キング」
時 9月中旬
地 アラビア南部

夏場に流通する緑色の品種。果肉がやわらかく、なめらかな舌ざわり。

レシピ

いちじくのフライ チーズソース

サクサクの衣にトロリとした果肉

材料（2人分）
- いちじく…2個
- A
  - 小麦粉…適量
  - 溶き卵…適量
  - パン粉…適量（細かく手でくだく）
- B
  - クリームチーズ…45g（室温に戻す）
  - 牛乳…大さじ2
  - レモン汁…小さじ2
  - はちみつ…小さじ2
- 揚げ油…適量

作り方
1. いちじくはAを順にまぶして衣づけし、揚げ油でキツネ色に揚げる。油をきり、縦半分に切る。
2. ボウルにBのクリームチーズを入れ、泡立て器でクリーム状になるまでまぜる。牛乳を少しずつ加えてよくまぜ、レモン汁、はちみつも加えてまぜ、チーズソースを作る。
3. 器に2を流し入れ、1を盛る。

いちじくのキャラメルソテー

ブランデーの香りにほろ苦さが合う

材料（2人分）
- いちじく…2個（縦4等分に切る）
- A
  - グラニュー糖…大さじ7
  - 水…大さじ3
- 熱湯…大さじ2
- ブランデー…小さじ2
- バニラアイスクリーム…100g

作り方
1. 鍋にAを入れ、カラメル状になるまでゆすりながら中火にかけ、熱湯を加える。加える際は、はねるので注意する。
2. 1にいちじくを加え、鍋をゆすりながら弱火で煮からめ、ブランデーを加えて風味づけし、火を止める。
3. 器に2を盛り、バニラアイスクリームを添える。

なぜ無花果？

漢字で書くと無花果。春から初秋にかけて果実の中に白い花が咲くのだが、外側からは花が見えないため、この字が当てられた。独特の食感であるプチプチは花の部分というわけ。

その他

カラント

currant

酸塊

Data
学名：*Ribes* spp.
分類：スグリ科スグリ属
原産地：ヨーロッパ
仏名：groseille
独名：Johannisbeere
別名：フサスグリ

保存法
ラップをかければ冷蔵庫で10～20日は保存できる。まるごとでも、ピューレ状でも冷凍できる。

目の下のクマも解消。カシスアントシアニン

カラントはフサスグリとも呼ばれ、冷涼な地域で栽培されるベリー類です。果実の色からレッドカラントとブラックカラント（カシス）があります。共通しているのはビタミンCや食物繊維、カリウムの豊富さで、ブラックカラントはとくにアントシアニンが多く含まれ、強力な抗酸化力を発揮します。

また酸味が強いので、生で食べるよりはジャムやジュース、ソースなどに。日本ではカクテルなどによく使われています。

おいしいカレンダー
5 6 **7 8** 9 10
青森、長野
●おいしい時期

生産地
青森
長野

ブラックカラント
⏱ 12月～翌2月
黒系統のカラントの総称。カシスの名で親しまれている。かすかな苦みを持ち、リキュールやゼリー、ジャムなどに利用される。

レッドカラント
⏱ 7月上旬～8月下旬
赤系統のカラントの総称。酸味が強く、生食よりもジャムやゼリー、果実酒などに加工される。

・果実の締まった弾力のあるもの
・色あざやかでツヤのあるもの

💧美容効果
カラントに含まれるポリフェノールは末梢の血流を改善する効果が確認されている。肩こり、冷え性に効果が期待できる。また顔面の血流も向上させ、目の下にできたクマの解消にも効果が。

色あざやかなアンチエイジングドリンク
カラントのヨーグルトスムージー

材料（1人分）
カラント（冷凍）…20粒
ヨーグルト…3/4カップ
豆乳…1/2カップ
はちみつ…大さじ1

作り方
すべての材料をミキサーにかけ、グラスに注ぐ。

その他

オリーブ
olive

阿列布

Data
- 学名：*Olea europaea*
- 分類：モクセイ科オリーブ属
- 原産地：地中海地方
- 別名：オレーフ、オレフ、ホルトノキ、カンラン
- 仏名：olive
- 独名：Olive
- 漢名：油橄欖

果肉の油はヘルシーオイル

おもな産地はスペイン、イタリアなどの地中海沿岸諸国。日本では香川県小豆島での栽培が有名です。

イタリア料理に欠かせないオリーブオイルは、この果肉の油を採取したもの。特有の香りとうまみがあり、古くから最高級油として利用されてきました。熱に強く、酸化しにくいオレイン酸を多く含むことが特徴です。

原形のままピクルスにし、ワインとともに食す機会も増えました。老化防止効果のあるビタミンE、カルシウム、銅、食物繊維も豊富です。

おいしいカレンダー
8　9　**10**　**11**　12　1
香川、岡山
◆おいしい時期

生産地
香川
岡山

💧 **美容効果**
オイルに含まれるオレイン酸は、体内の悪玉コレステロールを減らす効果もあるが、脂肪として蓄積されやすい成分でもあるので摂りすぎないように。ピクルスも塩分が高いので、食べすぎには注意を。

EXVとピュア
エキストラバージンオリーブオイルは香りがよいのでサラダやマリネ、ドレッシングなどの生食に。ピュアオイルは加熱料理向き。

緑色から熟すと紫色に

日本で最初に食べたのは豊臣秀吉？

文禄3（1594）年にスペイン国王からオリーブの果実1樽が献上され、初めてオリーブの果実を食べた日本人は豊臣秀吉といわれている。オリーブオイルは安土桃山時代にポルトガル人のキリスト教宣教師が持ち込んだとのこと。

揚げ物に最適なオリーブオイル
ほかの油脂は素材に浸透するが、オリーブオイルは表面に留まり、すばやく熱を通すため、カラッと揚がる。オレイン酸により、胃腸への負担も最小限に。

食品成分表
（オイル・100gあたり）

エネルギー	921kcal
水分	0g
たんぱく質	0g
脂質	100.0g
炭水化物	0g
無機質　カルシウム	微量
クロム	微量
ビタミン　A　β-カロテン当量	180μg
E　α-トコフェロール	7.4mg
食物繊維総量	0g

レシピ

オリーブと鶏肉の煮込み

豊かな味がたっぷりしみ込んだ

ライプオリーブ
完熟した果実の苦みをとったあとで4〜8％の食塩液に漬け、乳酸発酵させたもの。

スタッフドポテト

熱々のうちにどうぞ

材料（2人分）
- ライプオリーブ…6個
  （タネがあれば除き、粗みじん切り）
- じゃがいも…中2個
- 鶏レバー…50g
- A　パン粉…40g
  　　牛乳…1/4カップ
- 玉ねぎ…100g（みじん切り）
- にんにく…5g（みじん切り）
- タイム（ドライ）…小さじ1/2
- 溶き卵…1/2個分
- オリーブオイル…大さじ3
- 塩・こしょう…少々

作り方
1. じゃがいもは皮つきのままゆでるか蒸して半分に切り、まんなかをスプーンでくりぬく。
2. フライパンにオリーブオイル大さじ1/2を熱し、弱火で鶏レバーを炒めて取り出し、細かくきざむ。Aのパン粉は牛乳にひたしておく。
3. フライパンにオリーブオイル大さじ1/2を足して熱し、玉ねぎ、にんにくを薄いキツネ色になるまで炒め、ライプオリーブ、タイムを加えて炒め合わせる。
4. ボウルに2、3と溶き卵を加えてまぜ、塩、こしょうで味を調え、1のじゃがいもに詰める。
5. 耐熱皿に4を並べ、残りのオリーブオイル大さじ2をかけ、オーブントースターでこんがり焼く。

材料（2人分）
- ライプオリーブ…4個
- グリーンオリーブ…4個
- 鶏もも肉…200g
  （ひと口大に切る）
- A　塩・こしょう…少々
  　　小麦粉…適量
- 玉ねぎ…100g（薄切り）
- セロリ…50g（斜め薄切り）
- にんにく…5g（薄切り）
- トマト…中1個
  （タネを除き、ひと口大に切る）
- ブイヨンスープ…2カップ
- ローリエ…1枚
- サラダ油…大さじ1
- 塩・こしょう…少々

作り方
1. 鶏肉はAの塩、こしょうで下味をつけ、小麦粉をまぶす。
2. フライパンにサラダ油半量を熱し、1をキツネ色になるまで焼き、鍋に移す。
3. フライパンに残りのサラダ油を熱し、玉ねぎ、セロリ、にんにくを加えて玉ねぎが薄いキツネ色になるまで炒め、2の鍋に移す。
4. 3にブイヨンスープ、ローリエを加え、鶏肉がやわらかくなるまで煮込み、ライプオリーブ、グリーンオリーブ、トマトを加えて水分が少なくなるまで煮込む。塩、こしょうで味を調え、器に盛る。

その他

あけび

fiveleaf akebia

通草

Data
学名：*Akebia* spp.
分類：アケビ科アケビ属
原産地：日本、中国
仏名：akebie

地方名：
いつつばあきび（山形県一部）
うべずら（東京都一部）
れーしこ（愛媛県）

保存法
冷暗所に置いて追熟させる。涼しいところで、6〜7日保存可能。

食品成分表
（果肉・生・可食部100gあたり）

エネルギー	89kcal
水分	77.1g
たんぱく質	0.5g
脂質	0.1g
炭水化物	22.0g
無機質　カリウム	95mg
カルシウム	11mg
マグネシウム	14mg
ビタミン　C	65mg
食物繊維総量	1.1g

💧 **美容効果**
皮にはカリウムが多く含まれるため、利尿作用があり、高血圧予防に効く。ちなみに果肉にはマグネシウムが多く含まれる。

皮にも効能たっぷり。あけび料理は健康食

果実は熟すとパカッと口を開けたように割れ、そのなかの白い果肉が半透明に変わってきたら食べごろ。フルーツにしては水分が少なく、エネルギーが高いのが特徴です。乾燥させた果実は、腎炎や脳卒中の予防薬とされます。また、つるの部分にアケビンという成分が含まれ、漢方では天日で乾かしたものを「木通」と呼び、利尿、鎮痛効果がある薬として用いられています。

皮の紫の色素は強い抗酸化力を持つアントシアニンで、老化予防やガン予防の効果が期待されています。

おいしいカレンダー
7　8　**9**　**10**　11　12
山形、滋賀、愛媛　◆おいしい時期

生産地
山形
滋賀
愛媛

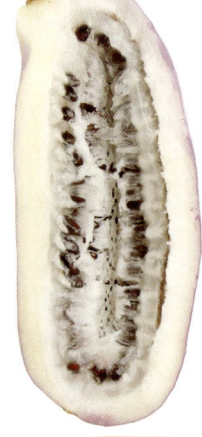

皮は深みのある紫色で厚みがある

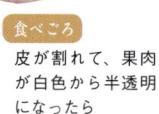

食べごろ
皮が割れて、果肉が白色から半透明になったら

ムベ
時 9月～10月下旬
地 日本、中国、朝鮮半島

本州の関東以西に自生するあけびの仲間。皮はあけびよりも薄くてやわらかく、熟しても裂けることはない。

レシピ

ほんのり苦い
山形の郷土料理
みそ炒め

材料（2人分）
あけびの皮…1個分
（5mm厚さの薄切り）
A｜みそ…大さじ1
　｜砂糖…大さじ1
　｜酒…大さじ1
　｜しょうゆ…大さじ1/2
　｜みりん…大さじ1/2
サラダ油…大さじ1
白ごま…少々

作り方
1. あけびの皮は熱湯でサッとゆで、水気をよくきる。
2. Aはまぜ合わせておく。
3. フライパンにサラダ油を熱して1を炒め、2を加えて水分が少なくなるまで炒める。器に盛り、白ごまをふる。

ざくろ
pomegranate

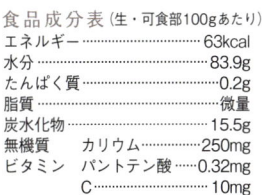

石榴

その他

美肌や健康に有効な成分が豊富

甘酸っぱくて独特の風味があり、昔から子宝に恵まれるフルーツといわれてきました。女性の体の機能を正常にしてくれる効果があると期待されています。

注目の成分は、女性ホルモンに似た性質を持つエストロゲン様物質です。善玉コレステロールを増やして血液をサラサラにし、脳の活性化、成人病予防、更年期障害などにも有効といわれています。

これらはタネの部分に多いので、タネごとミキサーにかけてジュースにして摂るとよいでしょう。

おいしいカレンダー
8 ⑨ ⑩ ⑪ 12
アメリカ合衆国
◆おいしい時期

おもな輸入先
・アメリカ合衆国
・イラン

おいしいコツ 食べ方

ざくろをナイフでカットすると、真っ赤な果汁であたりは悲惨なことに。ここでは、まわりを汚さない食べ方を紹介。

cut
1. 端を切り落とす。
2. 皮の部分にだけ、十字に切りめを入れる。
3. 水を入れたボウルのなかで実を割り、すべてほぐしたら水をきる。

皮がきれいな赤色で、傷やひび割れがない

持ってみて重みがある

Data
学名：Punica granatum
分類：ザクロ科ザクロ属
原産地：イラン
仏名：grenade
独名：Granatapfel

保存法
熟すまで室温で保存。熟したら冷蔵庫に。

食品成分表(生・可食部100gあたり)
エネルギー……………63kcal
水分……………………83.9g
たんぱく質………………0.2g
脂質………………………微量
炭水化物………………15.5g
無機質　カリウム……250mg
ビタミン　パントテン酸…0.32mg
　　　　　C………………10mg
食物繊維総量………………0g

💧 美容効果
エストロゲン様物質はツヤのある髪の毛や、プルプルな肌を作る。また、ポリフェノールの一種で抗酸化作用が強いエラグ酸がメラニン色素の働きを抑制するので美白効果、シミやたるみ防止、アンチエイジング効果も期待できる。

女性にうれしい効能がたっぷり ゼリーパンチ

材料（1人分）
ざくろジュース
　（果汁100％）…1/2カップ
A ｜ 粉ゼラチン…2g
　 ｜ 水…小さじ2
ソーダ…1/2カップ

作り方
1. Aの水に粉ゼラチンをふり入れ、ふやかしておく。
2. 小鍋にざくろジュースを入れてひと煮立ちさせ、1を加えて溶かし、粗熱をとる。
3. 2をグラスに流し入れ、冷蔵庫で冷やし固める。
4. 3のゼリーをフォークで崩し、ソーダを注ぐ。

その他

ハスカップ honeyberry｜黒実鶯神楽

北海道の小さな果実の大きな健康効果

北海道に自生する落葉低木から穫れるフルーツです。アイヌ語のハシカプ（枝の上にたくさんなるもの）の名で知られています。

アイヌの人たちには昔から不老不死に役立つといわれていたようですが、たしかにビタミンCをはじめとするビタミン類、鉄分、カルシウム、カリウムなどが豊富で老化防止効果が見込まれます。

また、目の老化、疲れ目を予防、改善する効果のあるアントシアニンも非常に多く含んでいます。

和名はクロミノウグイスカグラ。「うぐいすが鳴くころに神楽の舞いに似た花が咲き、黒い果実がつく」とも「うぐいすが隠れるのに都合のよいやぶを作り、果実がつく」とも。

生のままの保存が難しいため、ジャム、ジュース、ワイン、菓子原料などに加工されることがほとんど。近年では冷凍技術の発達により、冷凍状態での流通も増えつつある。

Data
学名：*Lonicera caerulea*
分類：スイカズラ科スイカズラ属
原産地：東シベリア
別名：ユノミ、ヤチグミ、ネズミフレップ

食品成分表（生・可食部100gあたり）
エネルギー	55kcal
水分	85.5g
たんぱく質	0.7g
脂質	0.6g
炭水化物	12.8g
無機質　カルシウム	38mg
鉄	0.6mg
ビタミン E　α-トコフェロール	1.1mg
食物繊維総量	2.1g

食べごろ 熟したものは黒紫色

なつめ jujube｜棗

豊富な栄養は漢方薬にも使われる

万葉集の歌にその名が出てくるほど古く、「1日に3粒のなつめを食べたら年をとらない」の言い伝えが残る栄養価の高い果実です。

ドライフルーツとして目にすることが多いのですが、生でも食べられ、甘酸っぱく、りんごに似た味で、ビタミンCが極めて豊富です。

ビタミンB₁、B₂、食物繊維、カリウム、カルシウムなどの栄養素も含みます。

古代中国では桃、李、杏、棗、栗を五果と呼び、貴重なフルーツとしてきた。漢方では大棗と呼び、葛根湯などの漢方薬に用いられる。

中国ではおもに乾燥させたものを、おかゆやお菓子に使う。韓国では薬膳料理としても人気のサムゲタンに用いられる。

Data
学名：*Zizyphus jujuba var. inermis*
分類：クロウメモドキ科ナツメ属
原産地：アジア東部など

保存法
生果はビニール袋に入れて冷蔵庫に。

健康効果
整腸作用、利尿作用、貧血予防などは美容にも効果がある。なつめ茶も市販されているので、手軽に摂るようにしたい。

食品成分表（乾燥・可食部100gあたり）
エネルギー	294kcal
水分	21.0g
たんぱく質	3.9g
脂質	2.0g
炭水化物	71.4g
無機質　カリウム	810mg
ビタミン　B₁	0.10mg
B₂	0.21mg
食物繊維総量	12.5g

皮が暗赤色で光沢のよいもの

指で押すと弾力があり、シワの少ないものがよい

その他

マルベリー｜桑の実
mulberry

栄養価の高い果実と葉を持つ古来重要な果樹

クワ（桑）はクワ科クワ属の総称で果実をマルベリー、桑の実、とどめなどと呼びます。なかでも原産地が中国のマグワはカイコのえさとして5000年以上も栽培されてきました。

果実は甘酸っぱく、ポリフェノールの一種であるアントシアニンに富んでいます。また古くから桑葉茶として愛飲されており、カリウム、カルシウム、食物繊維が豊富で、せき止め、高血圧の予防、滋養強壮に効果があるといわれています。

果実がやわらかく、傷みやすいので商業作物とはなりにくいが、青空市場で売られることはある。桑酒として果実酒の原料にする地域も。そのまま食したり、フルーツサラダの飾り、パイ、砂糖煮、シロップにしても美味。

Data
- 学名：*Morus alba*
- 分類：クワ科クワ属
- 原産地：中国、朝鮮半島
- 仏名：mûrier
- 独名：Maulbeerblatt
- 別名：マグワ（真桑）、トウグワ（唐桑）、カラグワ（唐桑）

保存法
充分に熟して赤黒くなった果実は、冷蔵庫の野菜室で1週間程度保存可能。

りゅうがん｜龍眼
longan

中国人が常食する栄養価の高い果実

楊貴妃が愛したライチの近縁でムクロジ科に属する果実。漢字で龍眼と書くとおり、半透明の果肉に黒光りする種が透けて見えるさまが、あたかも龍の眼球のよう。

カルシウム、リン、鉄分など、栄養価が高く、乾燥させたものは伝統的な漢方薬としてもあり、薬膳料理の材料としてもしばしば用いられます。皮がむきやすく、そのまま食べられる手軽さ、ほのかな甘さと香りが人気の理由でしょう。

傷みやすいため、冷凍、缶詰、ドライフルーツとして市場に出回ることが多い。缶詰は杏仁豆腐をはじめ、アジア料理のデザートやフルーツサラダに使われ、干したものを煮て冷やすとさわやかな風味の飲料となる。日本では九州南部、屋久島、沖縄で少量栽培されている。

- へこんでいたり、傷が多かったりするものは避ける
- 皮がピンと張ってかたいもの
- 薄茶に熟したもの

Data
- 学名：*Dimocarpus longan*
- 分類：ムクロジ科ムクロジ属
- 原産地：東南アジアから中国南部
- 仏名：longane
- 別名：ラムヤイ（タイの現地名）、ロンガン
- 地方名：リンガン（沖縄県）

保存法
新聞紙に包みビニール袋に入れ、冷蔵庫で保存。1週間程度は日持ちする。冷凍の場合は皮つきのままで。自然解凍すれば生食できる。

その他

グミ | 茱萸
silverberry

小さな赤い果実。渋みと酸味が体に効く

ドイツ語でゴムを意味する、菓子のグミキャンディとはまったく無関係。赤い果実が美しく、庭木や生け垣としても人気の果樹です。

果実はさくらんぼに似ていて、渋みと酸味、そして少しの甘みがあり、生食したり、果実酒に加工されたりします。秋グミ、夏グミ、ダイオウグミなどの種類がありますが、総じてビタミンEとカロテンが豊富です。

Data
学名：*Elaeagnus*
分類：グミ科グミ属
原産地：北半球

地方名：
ぐいし（島根・岡山・香川県一部）
ずみ（山梨・長野・三重県一部）

下準備
塩水に2〜3日ひたして渋みを抜く。

食品成分表（生・可食部100gあたり）
エネルギー・・・・・・72kcal
水分・・・・・・81.0g
たんぱく質・・・・・・1.3g
脂質・・・・・・0.2g
炭水化物・・・・・・17.2g
無機質　カリウム・・・・・・130mg
ビタミン　A　β-カロテン当量
　　　　　　　　・・・・・・380μg
　　　　　E　α-トコフェロール
　　　　　　　　・・・・・・2.2mg
食物繊維総量・・・・・・2.0g

赤く完熟して、つぶれていないもの

💧 **美容効果**
ほかにリコピン、タンニン、食物繊維、カリウムなども含む。免疫力を高め、視力改善、ガン予防、動脈硬化予防の作用があるとされる。

コーネリアンチェリー | 春黄金花
cornelian cherry

庭木としての人気上昇中。注目のニューフルーツ

ヨーロッパが原産の種で早春に黄色い花をたくさん咲かせ、秋に紅葉し、そのうえ果実は食用になるという、理想的なガーデンツリーです。

果実の大きさは2〜4cmほどで長球形、品種によっては完熟すると通常のチェリーよりも甘くなり、最高糖度は12〜15度にもなります。日本には強壮、健胃、腰痛緩和に効果があるとして持ち込まれたといわれています。

生食、ジャムに適します。

Data
学名：*Cornus officinalis*
分類：ミズキ科サンシュユ属
原産地：ヨーロッパ
独名：Dirndl
別名：西洋サンシュユ、アキサンゴ、サワグサ、ヤマグミ

保存法
収穫直後はかたく酸味も強いので、やわらかくなるまで常温で追熟させる。

生産がさかんな国はロシア。日本国内では商業栽培されていない。

その他

くこ | 枸杞
Chinese matrimony vine

滋養強壮の果実は薬膳に欠かせない

中国料理の定番スイーツ、杏仁豆腐にトッピングされているのをよく見かけるはず。レーズンよりひと回り小さい赤い果実がくこの実です。

なつめと同じく、生食、ドライフルーツ、果実酒、薬膳料理に、また生薬として解熱、血圧降下、抗菌作用を得たい場合に使われます。

カロテン、ビタミン類、マグネシウムを豊富に含んでいます。

Data
- 学名：Lycium chinense Mill.
- 分類：ナス科クコ属
- 原産地：日本、朝鮮半島、中国
- 別名：カワホオズキ、クコヂョウチン

保存法
直射日光・高温多湿を避け、冷暗所にて密閉保存。

食品成分表（実・乾燥・可食部100gあたり）
- エネルギー……387kcal
- 水分……4.8g
- たんぱく質……12.3g
- 脂質……4.1g
- 炭水化物……75.3g
- 無機質　マグネシウム……77mg
- ビタミン　A　β-カロテン当量……3000μg
- 　　　　　葉酸……99μg
- 食物繊維総量……0g

健康効果
ドライフルーツとしてそのまま食べて美肌効果を。紅茶に数個入れたり、かゆ、スープにしたりとアイデア次第で摂取できるのがうれしい。

やまもも | 山桃
bayberry

甘酢っぱく、さわやか。山になる素朴な果実

温暖な気候を好み、みかんを栽培できるところならどこでも育つといわれています。歴史は古く、江戸時代には高知や徳島で栽培されていました。

混同されがちですが、山桃はヤマモモ科でバラ科の桃とは別の植物です。

果実の味は甘酸っぱく、種類によって甘みの加減が異なります。葉酸、マグネシウム、リン、カルシウム、カリウムが比較的多く含まれます。

Data
- 学名：Myrica rubra et.Zucc.
- 分類：ヤマモモ科ヤマモモ属
- 原産地：中国南部、日本

- 地方名：さるびゅー（熊本県一部）
- 　　　　むん（沖縄県一部）
- 　　　　ももんこ（鹿児島県一部）

下準備
汚れが付着している場合が多いので、たっぷりの水でよく洗う。虫くいのものは虫が入っている場合があるので、ご注意を。

食品成分表（生・可食部100gあたり）
- エネルギー……47kcal
- 水分……87.8g
- たんぱく質……0.5g
- 脂質……0.2g
- 炭水化物……11.3g
- 無機質　カリウム……120mg
- 　　　　カルシウム……4mg
- 　　　　マグネシウム……7mg
- ビタミン　葉酸……26μg
- 食物繊維総量……1.1g

健康効果
松ヤニに似た特有の風味や苦みがある。加工品にされることも多く、ジャム、ゼリー、シロップ漬け、果実酒などが市販されている。とくにタネや樹皮に解毒、止血、下痢止めなどの薬効があるとされる。

ワインの味は品種で決まる

赤ワイン用品種

「カベルネ・ソーヴィニヨン」Cabernet Sauvignon

世界の至るところで栽培されていますが、タンニンが強くしっかりとした風味は、どの産地のものでもぶれない一貫した主張があります。もっともワインらしい品種といえるでしょう。

「ピノ・ノワール」Pinot Noir

フルーティーさと酸味が特徴。香りに透明感があり、ぶどうが育った大地の個性をそのままワインに体現しています。カベルネ・ソーヴィニヨンとは対照的に、女性に好まれる品種かもしれません。

「シラー」Syrah/Shiraz

深紅で濃厚、強いタンニンとスパイシーさが特徴です。味はパワフルで野生的かと思えば、華やかな香りもあり、相反するような二面性が、この品種の魅力です。

「メルロー」Merlot

世界で多く栽培されている主要ぶどう品種のひとつ。バランスがよく、どんな料理でもそれなりに合わせられる品種です。やわらかいタンニン、低い酸味、豊かな甘み。タンニンと酸味が苦手な人には最適の品種です。

白ワイン用品種

「シャルドネ」Chardonnay

もっとも名の知られた白ワイン用の品種で、さわやかで透明感のある風味。現在では、世界各地で栽培されています。樽での発酵や熟成により、オーク香がつけられていることが多いのが特徴です。発泡ワインでの使用も多い品種です。

ぶどうは、世界一の生産量を誇る果実ですが、その多くはワイン（酒類の原料）とレーズンに加工されています。日本では生食用の品種がほとんどですが、ワイン用品種もさまざまで、個性にあふれています。

ワイン選びも、ぶどう品種を知ることで、好みの味や香りを見つける近道となります。ボトルのラベルを「エチケット」と呼びますが、フランス語で公の席順、序列を意味し、エチケット（礼儀）と同じ語源です。そこには、生産者、原産地名、生産年（ヴィンテージ）、アルコール度数、ぶどう品種などが記されています（使用品種が1種類でない場合は、記入がないものも）。好みの品種との出会いからワインの楽しみは始まります。

熱帯果物

【tropical fruits】

植物学上の分類ではなく、熱帯から亜熱帯地域が原産のフルーツを紹介します。

熱帯

パイナップル

pineapple

鳳梨

酵素パワーで胃腸を健康にする

トロピカルフルーツといえばこれ。酸味のある甘さが人気で、生食のほかジュース、ケーキ、サラダ、ドライフルーツにして楽しみます。

ミネラルでは骨や関節を強くする働きのあるマンガンが豊富です。また、糖質の分解を助け代謝を促すビタミンB1が多く、ビタミンB2、C、クエン酸も含まれるので疲労回復や老化防止の効果が期待できます。

さらにたんぱく質分解酵素のブロメラインを多く含みます。胃液分泌を活発にし消化を促進しますが、加熱するとその効果は得られません。

おいしいカレンダー

5 6 7 8 9 10
沖縄
●おいしい時期

生産地
沖縄

Data
学名：*Ananas comosus*
分類：パイナップル科アナナス属
原産地：ブラジル
仏名：ananas
独名：Ananas
別名：アナナス、パインアップル

食べごろ
全体が黄色くなり、強烈な甘い香りがしてくると食べごろ。熟しているものは6〜8℃での保存が適温

お尻から熟していくので、下のほうが甘い。

葉が長すぎず、色が濃い

お尻がつぶれていない

保存法
葉を平らにカットし逆さに立てておくと、甘みが全体に行き渡り食べごろが早まる。熟しているものはビニール袋に入れ冷蔵庫の野菜室に。

食品成分表（生・可食部100gあたり）
エネルギー	54kcal
水分	85.2g
たんぱく質	0.6g
脂質	0.1g
炭水化物	13.7g
無機質　マンガン	1.33mg
ビタミン　B1	0.09mg
C	35mg
食物繊維総量	1.2g

おいしいコツ① 無駄のない切り方

舌ざわりを邪魔するトゲをよく見るとらせん状に生えており、それに沿って切り込みを入れていくと、きれいに除ける。最後に縦割りにして芯を切り落とす。

おいしいコツ② こうじ漬けにパイン？

厚い皮や太い芯はこうじ漬けの漬け床に入れるとよい。酵素が働いて、漬け込んだ野菜がよりおいしくなる。

品種群

「ボゴール」
地 台湾　時 4月〜8月

「スナックパイン」とも呼ばれる、手で皮ごとちぎって食べられる小型品種。通常のものより酸味が少なく、食べやすい。

ピーチパイン
系 ハワイ系×I-43-880　地 沖縄　時 4月〜7月

その名のとおり桃のような芳香がする。酸味もマイルド。皮が赤みをおびたら食べごろ。正式名は「ソフトタッチ」。

レシピ

パイナップルのカレー春巻き
香辛料とも相性抜群

材料（2人分）
- パイナップル…50g（5mm角に切る）
- 春巻きの皮…2枚（半分に切る）
- 玉ねぎ…40g（みじん切り）
- にんじん…30g（みじん切り）
- 豚ひき肉…50g
- ご飯…50g
- カレー粉…小さじ2
- A：
  - ウスターソース…小さじ1
  - トマトケチャップ…小さじ1
  - しょうゆ…小さじ1
- サラダ油…小さじ1
- 塩・こしょう…適量
- B：小麦粉…少々（水少々で溶く）
- 揚げ油…適量
- ベビーリーフ…適量

作り方
1. フライパンにサラダ油を熱し、玉ねぎ、にんじんを炒め、しんなりしてきたら豚ひき肉を加える。ポロポロになるまで炒め、ご飯、カレー粉を加えて炒める。
2. 1にAを加え、塩、こしょうで味を調え、パイナップルを加えてサッと炒め合わせる。
3. 春巻きの皮の手前に2を横長に置き、縁にBをぬり、手前から巻いて両端を折り込みながら閉じる。揚げ油でキツネ色に揚げる。
4. 油をきった3を器に盛り、ベビーリーフを添える。

パイナップルと牛肉の炒め物
ヘルシーで軽い味に仕上がる

材料（2人分）
- パイナップル…80g（ひと口大に切る）
- 牛肩ロースこま切れ肉…150g
- 玉ねぎ…100g（1cm厚さに切る）
- トマト…1/2個（湯むきし、1cm角に切る）
- ピーマン…1/2個（1cm幅に切る）
- A：
  - チリソース…大さじ1
  - 酢…大さじ2
  - 砂糖…小さじ2
- サラダ油…大さじ1
- 塩・こしょう…少々

作り方
1. フライパンにサラダ油を熱し、牛肉と玉ねぎを炒め、トマト、ピーマンを加えてサッと炒める。
2. 1にまぜ合わせたAを加えて炒め合わせる。塩、こしょうで味を調え、パイナップルを加えてまぜ、器に盛る。

加熱は短時間で

お肉をやわらかくする作用を持つ、たんぱく質分解酵素ブロメラインは熱に弱いので、加熱したものや缶詰のものはその効果は期待できない。作用を活かすなら生のものを使用し加熱時間はできるだけ短く、60℃以上の加熱はしないこと。ブロメラインには胃腸の炎症を鎮め、腸内の有害物質を分解する作用などもある。

熱帯

マンゴー

mango

菴羅

美容の効能たっぷり。魅力的な美果

チェリモヤ、マンゴスチンとともに世界三大美果のひとつに数えられているマンゴー。宮崎、沖縄、鹿児島など国産の完熟品が出回るようになり、以前に比べとても身近なフルーツになりました。

栄養価も高く、体内でビタミンAに変わるカロテンをたっぷり含んでおり、細胞の老化を抑える抗酸化作用があるため、美肌効果、ガン予防効果があります。そのほか、とくに女性にとってはうれしいビタミンC、葉酸、食物繊維、カリウムなどが豊富で貧血予防、便秘解消に有効です。

おいしいカレンダー

4　5　6　7　8　9
沖縄、宮崎、鹿児島
◆おいしい時期

生産地

宮崎
沖縄
鹿児島

Data
学名：Mangifera indica
分類：ウルシ科マンゴー属
原産地：インド、マレー半島
仏名：mangue
独名：Mango
別名：アンラ（菴羅）

保存法
熟していないものは常温で追熟。糖度が3倍以上になることもある。完熟したら日持ちしないので、早めに食べる。

下準備
食べる2〜3時間前に冷蔵庫で冷やす。

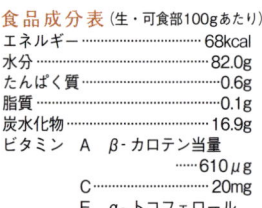

食品成分表（生・可食部100gあたり）
エネルギー……………68kcal
水分……………………82.0g
たんぱく質……………0.6g
脂質……………………0.1g
炭水化物………………16.9g
ビタミン　A　β-カロテン当量
　　　　　　　　　……610μg
　　　　　C　……………20mg
　　　　　E　α-トコフェロール
　　　　　　　　　……1.8mg
食物繊維総量…………1.3g

食べごろ
皮がベタつき、光沢が出てきたら甘い香りがするようになる。そのタイミングを逃さない

「アーウィン」
地　時
インド周辺　6月〜8月上旬

宮崎県や沖縄などで栽培されているアップルマンゴーと呼ばれているのが、この品種。皮がりんごのように真っ赤になり、とろけるような舌ざわりと濃厚な甘みを持つ。

ミニマンゴー　規格外のおいしさ!?
品種名ではなく、アーウィン種の果実が小さいまま熟したもの。小さいながらも甘みは非常に濃厚で、しかも皮が薄いため手でむいて食べられる。計画的に生産できないものなので、産地以外に流通することはまれ。

カレーにぴったりの定番ドリンク　マンゴーラッシー

材料（1人分）
マンゴー（果肉）
　…50g（みじん切り）
A｜プレーンヨーグルト
　　…1/2 カップ
　｜牛乳…1/4 カップ
　｜はちみつ…小さじ1
　｜レモン汁…小さじ1

作り方
ボウルにAを入れてまぜ合わせ、さらにマンゴーを加えてまぜ、氷適量（分量外）を入れたグラスに注ぐ。

おいしいコツ 定番の切り方

1. 枝つきのほうからナイフを入れ、タネに沿ってカットする。
2. 刃先を使い、果肉部分だけに縦横の切りめを入れる。 
3. 両端を持ち、皮の中央を指で押す。 

切り分けても

1. 3枚におろした果肉を縦3つに切る。
2. 皮と果肉のあいだにナイフを入れ一気に切る。 

加工食品

セミドライ
しっとりとした果肉の食感が残る半生タイプ。ヨーグルトにつけ置いてから食べると、また違う食感に。

ドライ
しっかりと乾燥させ、かために干し上げたもの。よく噛んで食べることで有効成分の吸収がよくなる。

アレルギー反応にご用心

マンゴーはウルシ科の植物。ウルシアレルギーを持つ人が触れると、かゆみや発疹、口内の腫れなどの症状があらわれてしまうので、ご注意を。

花の香りは…

果実は甘くトロピカルな香りのマンゴーだが、その花は強烈な腐敗臭がする。原産の熱帯地域の気温が高く、通常、植物の花粉を運ぶとされているミツバチが活動しにくいため。高い気温でも活動できるハエの好む臭気に進化したと考えられている。

品種群

「ケサール」 
時 5月〜6月
地 インド

インド産マンゴーの代表種。ほのかな酸味と深みのある甘さが特徴で、繊維も少なく食べやすい。

「カラバオ」 
時 2月〜翌6月
地 フィリピン

ペリカンマンゴーとも呼ばれるフィリピン産のもの。ほどよい酸味と、なめらかな舌ざわりを持つ。リーズナブルな価格で流通する。

「ナンドクマイ」 
時 3月〜6月
地 タイ

タイ産マンゴーの品種。カラバオをひと回り大きくしたような外見。淡い酸味とまろやかな食味で、香りはさわやか。

カリフォルニアマンゴー 
時 8月〜9月
地 フロリダ

グリーンマンゴーとも呼ばれるように皮が緑色。果肉はあざやかな黄色で、ナッツ系の芳ばしい香りがする。

レシピ

チーズがトロリと溶け出す
マンゴーチーズドーナツ

材料（10個分）
- マンゴー（果肉）…100g
  （10g×10個の角切りにする）
- クリームチーズの個包装タイプ（1個5g）
  …10個
- A
  - 溶き卵…1/2個分
  - グラニュー糖…40g
  - 牛乳…70cc
  - バター（食塩不使用）…10g（溶かす）
- B
  - 薄力粉…130g
  - ベーキングパウダー…小さじ2
  （合わせてふるう）
- 打ち粉…適量
- 揚げ油…適量
- 粉糖（仕上げ用）…適量

作り方
1. ボウルにAの卵とグラニュー糖を入れ、泡立て器でよくまぜる。牛乳と溶かしバターも加え、さらによくまぜる。
2. 1にBを加え、木べらで粉気がなくなるまでさっくりとまぜ合わせて生地を作り、ラップに包んで冷蔵庫で約1時間寝かせる。
3. 2を10等分にし、打ち粉をしながら、平たく丸くのばす。マンゴーとクリームチーズを1個ずつのせて包み、しっかりと閉じてボール状に丸める。
4. 揚げ油を中温に熱し、3を揚げる。油をきって皿に盛り、粉糖をふる。

甘みがうれしい隠し味に
ドライマンゴーのそぼろ豆腐

材料（4人分）
- ドライマンゴー…30g（粗みじん切り）
- 木綿豆腐…1丁（ペーパータオルに包み、電子レンジで2分加熱する）
- ツナの缶詰…1缶（80g）
- A
  - 削り節…6g
  - みりん…大さじ2
  - しょうゆ…大さじ2
  - 酒…大さじ2
- ご飯…茶碗4杯分
- 万能ねぎ…少々（小口切り）

作り方
1. フライパンにドライマンゴーと豆腐、ツナを缶の汁ごと入れ、つぶしながら炒める。
2. 1にAを加え、汁気が少なくなるまで炒める。
3. 茶碗にご飯を盛り、2をのせ、万能ねぎをちらす。

リラックス効果
手軽に食べられるドライマンゴーをおやつにすれば、気分のリラックス、血行機能の促進、ストレスの軽減につながる。健康食品の効能を得つつ、自然な甘みを楽しんで。

熱帯

パパイヤ

papaya

抗酸化作用が高い南国の万能果実

南国を思わせる特有の芳香と濃厚な甘み、なめらかな食感が人気です。栄養価も高く、抗酸化作用に効果的なビタミンCとE、カロテンが豊富です。脳梗塞や心筋梗塞の予防効果があるので南国のフルーツになじみのうすい年配の方にもおすすめ。また女性にはうれしい、血を作るビタミンといわれる葉酸も豊富です。未熟の青パパイヤにはたんぱく質分解酵素であるパパインが含まれているので、肉料理の消化促進に役立ちます。

木瓜

Data

学名：*Carica papaya*
分類：パパイヤ科パパイヤ属
原産地：熱帯アメリカ
仏名：papaye
独名：Papaye

地方名：
ばんしょーうい（鹿児島県一部）
まんじゅ（沖縄県一部）
まんずい（沖縄県一部）

保存法
未熟なものは常温で追熟させる。10℃以下にすると果肉が崩れるので注意。

食品成分表（完熟・生・可食部100gあたり）
エネルギー ……………………… 33kcal
水分 ………………………………… 89.2g
たんぱく質 ………………………… 0.5g
脂質 ………………………………… 0.2g
炭水化物 …………………………… 9.5g
無機質　カリウム ……………… 210mg
　　　　カルシウム …………… 20mg
ビタミン　C ……………………… 50mg
食物繊維総量 ……………………… 2.2g

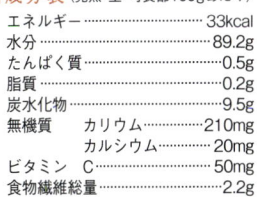

美容効果
果肉の黄色いものにはガン予防の効果が期待されるβ-クリプトキサンチンが、赤いものには呼吸器系の免疫力を高め動脈硬化の予防効果が期待されるリコピンが、それぞれ含まれる。

おいしいカレンダー
4 **5 6 7 8** 9
沖縄、宮崎、鹿児島　◆おいしい時期

生産地
宮崎
沖縄
鹿児島

お尻から熟していくので、下のほうが甘い。縦割りにすると均一な甘さで食べられる。
3　2　1

食べごろ
皮が黄色くなり、甘い香りがただよってきたら

「サンライズ」
時：周年　地：熱帯アメリカ
サンライズの名が示すように、赤みのある果肉が特徴。香りは強くないが、糖度が高い。

「ソロ」
時：周年　地：ハワイ
日本への輸入はこの種が多く、一年中手に入る。酸味が少なく、トロリとした食感。

皮にシワがなく、ハリがある

未熟と完熟で栄養素が変化する

熟すとパパインやリン、鉄などのミネラルの含有量が減り、逆にビタミンCやβ-カロテン、葉酸はグンとアップする。

熱帯

バナナ
banana

効能がいっぱい。エネルギー補給に五つ星

スポーツ選手が競技前や途中で食べているのは速効性と持続性を併せ持つエネルギー源で、タネがなく皮をむくだけで食べやすい、持ち運びに便利で、甘くておいしいと、いいことずくめだからです。
カリウム、食物繊維も多く、大腸ガンのリスクを下げ、腸内環境改善の効果のほか、豊富なポリフェノールによる抗酸化作用もあり、免疫力を高める効果もあり、精神を安定させるとされるセロトニンを含むことで注目されています。

おいしいカレンダー
1 2 3 4 5 6 7 8 9 10 11 12
フィリピン（周年）
◆おいしい時期

おもな輸入先
・フィリピン
・エクアドル
・その他

下のほうほど甘い。むいた側から順に食べる、スタンダードな食べ方がおすすめ。
1 2 3

つけ根がしっかりしている

13℃以下になると皮は黒ずんでくる

カーブの大きいものは、木の外側で育ったものなので生育がよい

実芭蕉

Data
学名：*Musa* spp.
分類：バショウ科バショウ属
原産地：東南アジア
仏名：banane
独名：Banane

地方名：
とーばしゃ（鹿児島県一部）
ばしゃない（沖縄県一部）
ばしょーのみ（広島県一部）

保存法
バナナスタンドに吊るして常温で追熟。保存の適温は13℃。熟したものは1本ずつビニール袋に入れ冷蔵庫の野菜室に。

キャベンディッシュ
時 周年
日本人がもっとも日常的に食べている系統。なめらかでさっぱりとした食味で、日持ちも優れる。世界でのシェアは5割を誇る。

食品成分表（生・可食部100gあたり）
エネルギー......93kcal
水分......75.4g
たんぱく質......1.1g
脂質......0.2g
炭水化物......22.5g
無機質　カリウム......360mg
　　　　マグネシウム......32mg
ビタミン　C......16mg
食物繊維総量......1.1g

朝のエネルギーチャージに

バナナと黒ごまのソイシェイク

材料（1人分）
バナナ（完熟）…1本
（輪切りにし、冷凍する）
豆乳…3/4カップ
黒ごま…小さじ1
メープルシロップ…大さじ1

作り方
すべての材料をミキサーにかけ、グラスに注ぐ。

熟したバナナは免疫力アップ

外見は多少悪くても、よく熟して黒いシュガースポットの出たバナナのほうが免疫力を高める効果が大きいという実験結果が出ています。もともとその効果はありますが、熟成の度合いとの関係を調べた結果、日数のたったバナナほど免疫を担う白血球の数を増やす効果があり、また免疫を強める生理活性物質の量が多いという報告も。

加工食品

ドライ
完熟バナナを乾燥させたもの。生は体を冷やす性質があるが干すとなくなるため、冷え性の人にもおすすめ。左は丸のまま、下はひと口サイズのもの。

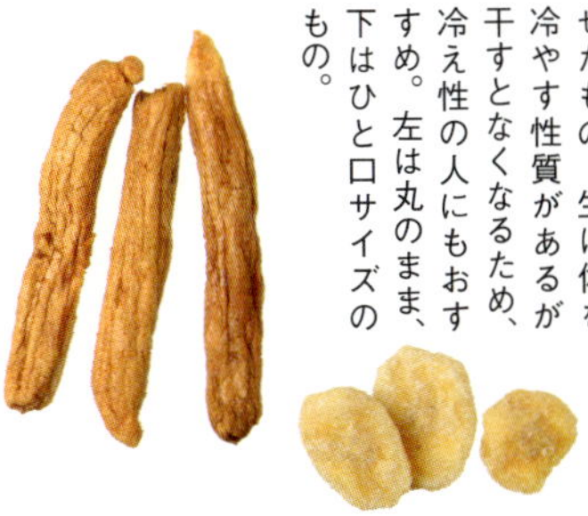

チップ
未熟バナナをスライスして揚げたもの。縦、横、斜めなど切り方はさまざま。サクサクと香ばしい食感。

フリーズドライ
NASA開発の宇宙食シリーズとしても売られている。口に含むと一気にバナナの風味が広がる。

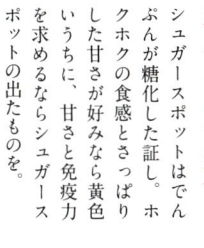

お好みのタイミングで

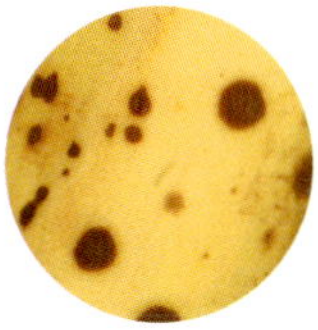

シュガースポットはでんぷんが糖化した証し。ホクホクの食感とさっぱりした甘さが好みなら黄色いうちに、甘さと免疫力を求めるならシュガースポットの出たものを。

気持ちが高揚する

脳を元気にして意欲が出るといわれるドーパミン、睡眠をコントロールするとされるメラトニンが含まれている。ストレスの多い現代人なら、もっと手軽に摂りたい元気の源である。

自動販売機が登場!

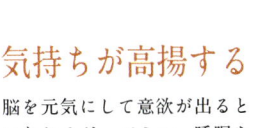

忙しい毎日を送る現代人の朝食やエネルギー補給にぴったりのバナナ。2010年からは東京の地下鉄駅内やスポーツジムなどにバナナの自動販売機が設置されるようになった。庫内温度を保存に最適な13℃に維持、傷がつかないようベルトコンベアで移動、2日おきにメンテナンスする、などおいしい状態で販売する多くの工夫がなされている。

レシピ

完熟バナナのデザートカップ
抗酸化作用があり腸にも効く

体内をきれいに
整腸作用により便秘予防や解消、美肌効果につながる。栄養価が高いので忙しくて朝食を摂れないときや、小腹が空いたときにおすすめ。通年、安価で手に入れられるのもうれしい。

材料（2人分）
- バナナ（完熟）…2本（フォークでつぶす）
- レモン汁…小さじ2
- 生クリーム…1/2カップ
- コーンフレーク…適量
- バナナ（飾り用）…適量（輪切り）

作り方
1. バナナはレモン汁とまぜ合わせ、冷蔵庫で冷やしておく。
2. ボウルに生クリームを入れ、氷水に当てながら七分立てにし、1とまぜ合わせる。
3. 器にコーンフレークを入れ、2を流し入れて輪切りのバナナを飾る。

便秘を起こさず満腹感を得られる
大量の食物繊維は日々の、また長期にたまっていた老廃物を排出させてくれ、アミノ酸とともに満腹感を与えてくれる。

ドライバナナの黒糖蒸しパン
やさしい甘さの懐かしい味

材料（5個分）
- ドライバナナ…50g（きざむ）
- A
  - 卵…1個
  - 黒糖…60g
  - グラニュー糖…40g
  - 牛乳…1/2カップ
  - サラダ油…大さじ2弱
- B
  - 薄力粉…100g
  - ベーキングパウダー…6g
  - （合わせてふるう）

作り方
1. ボウルにAの卵を入れ、泡立て器でほぐし、黒糖、グラニュー糖を加えてよくまぜる。牛乳、サラダ油を加えてまぜる。
2. 1にBを加えて粉気がなくなるまでまぜる。
3. 製菓用紙型に2を流し入れ、ドライバナナをのせ、しっかりと蒸気の上がった蒸し器で15〜20分蒸す。

品種群

「カルダバ」
時：周年
地：東南アジア

調理用として熱帯地域で常食されているもの。風味はバナナだが、さつまいものような食感。

進化するバナナ

消費者のニーズの多様化が進むバナナは、従来の安価なもののほか、輸送中にアルコールで脱渋・追熟させたもの、高地栽培で寒暖の差を活かした高糖度のものなど、高品質を売りにした商品が続々と登場している。

ペピータ
エクアドル産の特大サイズのバナナ。

オルガニア
ペルー産の「キャベンディッシュ」で、有機JAS認定のバナナ。有機肥料のみを使用して栽培している。

「モラード」
時：周年
地：フィリピン

皮が赤く、食感はモチモチ。甘みはひかえめで、ほのかな酸味もあるためさっぱりしている。

台湾バナナ
時：周年
地：台湾

その多くは「仙人蕉」という品種。「北蕉(ほくしょう)」と緻密な肉質でねっとりし、濃厚な食味。

島バナナ
時：国産…7月〜10月
地：沖縄県、奄美諸島

一般に流通するものの半分ほどの大きさの国産バナナ。フルーティーな芳香とクリーミーな食感が魅力。

モンキーバナナ
時：周年
地：フィリピン

長さが10cmにも満たない極小の品種。果肉がやわらかく、甘みが強い。正式名は「セニョリータ」。

ラカタンバナナ
マラソン用バナナ!?

産地はフィリピン。小ぶりでずんぐりしているため携帯しやすく、さわやかな酸味はスポーツ時にピッタリ。ミネラル類、クエン酸も多く含まれるのでアスリート向きといえる。

レシピ

バナナのコンソメスープ
かたいバナナの新しい味わい方

材料（2人分）
- バナナ（かたいもの）…1本（皮をむいて輪切り）
- 玉ねぎ…1/4個（小さめのみじん切り）
- コンソメスープ…2カップ
- フライドオニオン…適量
- 塩…適量
- サラダ油…大さじ1/2

作り方
1. フライパンに油を熱し、玉ねぎが透き通るまで炒める。
2. コンソメスープを入れてフタをし、10分ほど弱火で煮る。
3. バナナを加え、さらに3分ほど煮て塩で味を調え火を止める。
4. 器に盛りつけ、フライドオニオンをのせる。

バナナとくるみのスティックケーキ
まぜて焼くだけ。ボウルひとつでできる

材料（15×15cm型1台分）
- バナナ（正味）…100g（フォークでつぶす）
- くるみ…50g
- 卵…1個
- きび砂糖…20g
- プレーンヨーグルト…25g
- 牛乳…大さじ1
- バター（食塩不使用）…25g（溶かす）
- A
  - 薄力粉…75g
  - ベーキングパウダー…2g
  - （合わせてふるう）

作り方
1. くるみは160℃に予熱したオーブンで約8分ローストし、粗くきざむ。型にクッキングペーパーを敷く。
2. ボウルに卵を入れ、泡立て器でほぐし、きび砂糖を加えてよくまぜる。さらにプレーンヨーグルト、1、バナナ、牛乳、バターを順に加え、その都度よくまぜ合わせる。
3. 2にAを加え、粉気がなくなるまでまぜて型に流し入れ、180℃に予熱したオーブンで15～20分焼く。スティック状に切り分けてラッピングしてもよい。

熱帯

ピタヤ
pitaya

龍王果

健康維持に必須のビタミンB群が豊富

皮が龍のうろこのように見えることから、ドラゴンフルーツとも呼ばれています。

トロリとした半透明の果肉に黒く小さなタネが多数あり、ジューシーで酸味が少なく、さっぱりとした甘さがあります。生食のほか、ゼリーやジャムにも用いられます。皮は赤いですがカロテンは含まれません。カルシウム、リン、鉄などのミネラル類が豊富なので、貧血予防にも最適。コレステロール値や血糖値を下げ、免疫効果を高めるビタミンB_1、B_2なども含んでいます。

ピタヤとはサンカクサボテンの果実の総称。赤肉種、白肉種、桃肉種、黄皮白肉種などがあるが、厳密には黄皮白肉種はサンカクサボテンではない。生食のほか、ジャムやゼリー、アイスクリームに。

おいしいカレンダー

7 **8 9 10 11** 12

沖縄、鹿児島、宮崎（レッド）　◆おいしい時期

生産地

宮崎
沖縄
鹿児島

Data
学名：*Hylocereus undatus*
分類：サボテン科ヒロセレウス属
原産地：メキシコ
仏名：pitahaya
独名：Pitahaya
別名：ドラゴンフルーツ、恐竜の卵

保存法
ビニール袋に入れて冷蔵庫の野菜室に。追熟しないので、早めに食べきる。

下準備
冷蔵庫で1時間ほど冷やし、食べるときに柑橘果汁をふりかけると、酸味のきいたジューシーな味わいになる。

食品成分表（生・可食部100gあたり）
エネルギー　52kcal
水分　85.7g
たんぱく質　1.4g
脂質　0.3g
炭水化物　11.8g
無機質　カリウム　350mg
　　　　マグネシウム　41mg
　　　　マンガン　0.09mg
食物繊維総量　1.9g

品種群

ホワイト種（白肉種）
時　国産：7月〜11月

ウロコ状の皮にハリがあり、しなびていない

イエロー種（黄皮白肉種）
時　国産：6月〜10月

レッド種（赤肉種）
時　国産：7月〜11月

熱帯

アボカド
avocado

鰐梨

料理に加えておいしく栄養摂取

一般家庭で料理に取り入れるようになったのは近年のことです。濃厚な風味がマグロのトロに似ていると評され、カリフォルニアロールで人気が高まりました。

栄養価の非常に高い果実で、果肉に脂肪分が多いため、森のバターと呼ばれます。ただその脂質はコレステロールを減らす働きがあるオレイン酸が主体なので、心臓疾患のリスクを高めたりはしません。

また、ビタミン類、ミネラル、食物繊維も豊富で、高血圧や脳梗塞の予防にも効果的です。

おいしいカレンダー

1 2 3 4 5 6 7 8 9 10 11 12
メキシコ（周年）
◆おいしい時期

おもな輸入先
- メキシコ
- アメリカ合衆国
- ニュージーランド

「ハス」
地 中央アメリカ、メキシコ
時 周年

日本に輸入されているもののほとんどが、この品種。熟すと皮が黒くなるのが、「ハス」の特徴。

💧美容効果
若返りのビタミンといわれるビタミンEを含むので、老化、シミ・ソバカスを防止する。美白効果のあるビタミンCといっしょに摂れるので、抗酸化作用も高まり、相乗効果が得られる。

皮と果肉のあいだにすきまがないもの

ヘタと皮のあいだにすきまがあるものは、脂肪分が少ない

食べごろ
皮の色が全体にチョコレート色になったら

7℃以下にすると果肉は変色する

シワのあるものは熟しすぎていることも

Data
学名：*Persea americana*
分類：クスノキ科アボカド属
原産地：中南米
仏名：avocat
別名：ワニナシ、バターフルーツ

保存法
熟したものはビニール袋に入れ冷蔵庫の野菜室に。未熟なものは常温で追熟させる。切ったものは断面にレモン汁をかけ、ラップでしっかり包んで冷蔵庫に。7℃以下にすると変色するので注意。

食品成分表（生・可食部100gあたり）
エネルギー	178kcal
水分	71.3g
たんぱく質	2.1g
脂質	17.5g
炭水化物	7.9g
無機質　カリウム	590mg
ビタミン　E　α-トコフェロール	3.3mg
B2	0.20mg
食物繊維総量	5.6g

栄養をたっぷり摂ろう
黒ごまアボカドシェイク

材料（1人分）
- アボカド…1/2個（縦半分に切り、タネを取り、皮をむいてひと口大に切る）
- 黒すりごま…小さじ2
- コンデンスミルク…大さじ2
- グラニュー糖…大さじ2
- 氷…100g
- 水…1カップ

作り方
すべての材料をミキサーにかけ、グラスに注ぐ。

おいしいコツ ①
濃厚な味のものを選ぶには

皮の色はバッチリでよく熟しているはずなのに、食べてみると味気ない、水っぽい、…など意外と難しいのが選び方。日本人好みの濃厚、クリーミーな脂肪分の多いアボカドを見分けるには、ヘタと皮のすきまが少ないものを選ぶこと。脂肪分が少ないものは水分が多いので、追熟しているあいだに乾燥してしまう割合が大きく、ヘタと皮のあいだにすきまができる。アボカドは長く樹の上で育っているほど脂肪分が多くなるが、適切な収穫時期は難しく、脂肪分にばらつきが出る。脂肪分の少ないものをいくら追熟させても濃厚にはならない。

おいしいコツ ②
早く熟成させるには

果実がかたい場合は、室温で放置しておけば熟成が進む。冬は暖かい場所に置くと早い。また、多くのフルーツと同様、より早く熟成させたい場合はエチレンガスを発生させるりんごなどといっしょの袋に入れるとよい。

黒いすじがあると傷んでいる？

切ってみると、果肉に無数の黒いすじが入っていることがある。これは維管束というタネに養分を送るパイプのようなもので、害はないが、変色したものはすじっぽい食感になり舌ざわりが悪くなる。追熟がうまくいっていない場合に変色する傾向がある。

皮で角質ケア

乾燥肌でひじ、ひざ、かかとなどがかたくなっていると気になるはず。食べ終えたら、むいた皮は捨てずに角質ケアに利用。果肉のついている側でかたい部分をこすってマッサージすれば、やわらかいすべすべ肌に。

品種群

「ベーコン」

地 グアテマラ系×メキシコ系
時 11月～翌6月
系 アメリカ

「ハス」よりも大きく、縦に長い楕円形。なめらかで、あっさりとした味わい。

「まだ未熟だった…」そんなときには

アボカドアイス

アボカド1個、牛乳大さじ2、コンデンスミルク大さじ2、砂糖大さじ2をなめらかになるまでミキサーにかけ、冷凍庫で冷やし固めるだけで、濃厚なアイスに。

レシピ

アボカドのムース
クラッカーに添えてディップにしても

材料（4人分）
- アボカド…1個
  （縦半分に切ってタネを除き、果肉をスプーンでくりぬく）
- A
  - 水…大さじ1
  - 粉ゼラチン…3g
- B
  - 牛乳…3/4カップ
  - グラニュー糖…30g
  - レモン汁…小さじ2

作り方
1. 小さめの耐熱容器にAの水を入れ、粉ゼラチンをふり入れてふやかし、電子レンジで約15秒加熱して溶かす。
2. アボカドとBをミキサーにかけなめらかにして、ボウルに移し、1を加えてまぜ合わせる。容器に流し入れ、冷蔵庫で冷やし固める。固まったらスプーンですくって、器に盛る。

アボカドの豚肉巻きフライ
トロリとした食感と豊かな風味が魅力

材料（2人分）
- アボカド…1個
  （縦半分に切り、タネを取り、皮をむいて8等分のくし形切り）
- A
  - レモン汁…小さじ1
  - 塩・こしょう…少々
- 豚ロース肉（しゃぶしゃぶ用）…8枚
- B
  - 小麦粉…適量
  - 卵…適量（溶きほぐす）
  - パン粉…適量
- 塩・こしょう…少々
- 揚げ油…適量
- ベビーリーフ…適量
- レモン…1/4個（くし形切り）

作り方
1. アボカドにAのレモン汁をふりかけ、塩、こしょうをふる。
2. 豚肉に塩、こしょうをし、1のアボカドに巻きつける。
3. 2にBを順にまぶして衣づけし、揚げ油で揚げる。
4. 器に3を盛り、ベビーリーフとレモンを添える。

熱帯

ライチ
litchi

荔枝

美容効果満点の高貴なフルーツ

世界三大美女のひとり、中国の楊貴妃が美しさの源として好物にしていたといわれるフルーツです。

それもそのはず、直径4〜5cmの球形の果実はかたい皮におおわれていますが、果肉は乳白色半透明、高雅な香りでみずみずしく甘くさっぱりとした味わい。しかも美容に効く成分がたっぷり詰まっています。

ビタミンC、カリウム、銅も豊富。さらに造血や細胞の新生に関わり、胎児の発育に欠かせないといわれる葉酸を多く含むので、とくに妊娠中の女性におすすめです。

おいしいカレンダー

4 5 **6** **7** 8 9
沖縄、鹿児島　●おいしい時期

生産地
沖縄
鹿児島

皮があざやかな紅色

● 美容効果
美容効果はビタミンCによるもの。美肌作りに欠かせない栄養素で老化防止にもつながる。またビタミンCは酸化したビタミンEを再生する効果もあるため、ビタミンEの豊富な食材と食べると、さらに効果はアップする。

Data
学名：*Litchi chinensis*
分類：ムクロジ科レイシ属
原産地：中国南部
仏名：litchi
独名：Litschi

地方名：
こがごい（鹿児島県一部）
でんし（奈良県一部）
とごい（鹿児島県一部）
べーすけ（徳島県一部）

保存法
収穫後2日ほどで味が落ちてしまうため、長期保存は利かないが、3〜5℃の低温で保存すると保存期間がのびる。

食品成分表（生・可食部100gあたり）
エネルギー……………………61kcal
水分……………………………82.1g
たんぱく質………………………1.0g
脂質………………………………0.1g
炭水化物………………………16.4g
無機質　カリウム……………170mg
　　　　銅……………………0.14mg
　　　　マンガン……………0.17mg
ビタミン C……………………36mg
食物繊維総量……………………0.9g

レシピ

涼しげな初夏のデザート
ライチの水まんじゅう

材料（4個分）
ライチ…4個
（皮をむき、タネを除く）
こしあん（市販）…60g
A┃くず粉…30g
　┃砂糖…18g
　┃粉寒天…2g
水…1カップ

作り方
1. こしあんを4等分にして平たくつぶし、ライチをのせ、丸く形をととのえる。
2. 鍋にAを入れ、水を少しずつ加えながら、くず粉が溶けるまでまぜる。
3. 2を火にかけ、木べらで鍋底をまぜながら、生地が透明になるまで加熱する。
4. 水でぬらしたカップ（小さな湯のみなど）に3の半量を流し入れ、1を中心に押し込む。残りの生地を流し入れ、カップごと冷やし固める。
5. カップをひっくり返して水まんじゅうを取り出し、器に盛る。

長安に暮らしている楊貴妃が、遠く離れた福建省からライチを早馬で運ばせたという逸話がある。できるだけ、鮮度の高い状態で食したかったようだ。

熱帯 ホワイトサポテ　white sapote

濃厚な甘さと複雑な味を持つ

日本では沖縄、鹿児島、和歌山などで栽培されています。果実は7〜10cmほどで、皮は熟すと黄緑色になります。果肉の甘みは強くミカン科とは思えない、バナナ、洋梨、柿、アボカドのミックス味のようだといわれます。

酸味がないため、レモンを合わせてもおいしくなります。生食のほか、シャーベットにして食されることも。カリウムと食物繊維が多く含まれています。

果実には1〜5個のタネがあり、弱毒性がある。樹皮にも毒性があるが、薬用とされることも。

Data
- 学名：*Casimiroa edulis*
- 分類：ミカン科カシミロア属
- 原産地：メキシコ〜中央アメリカ
- 別名：シロサポテ

保存法
未熟な場合は15〜25℃で追熟させる。

下準備
皮に近い部分は苦いことがあるので、厚くむく。

食品成分表（生・可食部100gあたり）
- エネルギー　73kcal
- 水分　79.0g
- たんぱく質　1.5g
- 脂質　0.1g
- 炭水化物　18.9g
- 無機質　カリウム　220mg
- 食物繊維総量　3.1g

ババコ　babaco　五角木瓜

甘さはひかえめ、酸味は強め

パパイヤの仲間で、マウンテンパパイヤ、または切ると断面が五角形なのでスターパパイヤ、ペンタゴンパパイヤなどと呼ばれます。パパイヤ同様、たんぱく質分解酵素のパパインが含まれています。

皮は緑色で熟すと黄色くなり、果肉は淡いクリーム色で芳香があります。パパイヤと比べると甘みは少なく、酸味が強いので、はちみつや生クリームなどをかけると食べやすくなります。

黄色くなって香りが出てきたら食べごろ。緑色のうちはカレーに入れるなど、料理に使われることが多い。

Data
- 学名：*Vasconcellea × heilbornii*
- 分類：パパイヤ科ヴァスコンセレア属
- 原産地：エクアドル
- 仏名：babaco
- 独名：Babaco
- 別名：シャンパンフルーツ、ゴカクモッカ

保存法
冷蔵庫で1か月、常温でも数週間は保存可能。部分的に腐っても、切り取れば広がらない。

ノニ

Indian mulberry | 八重山青木

熱帯

ゴツゴツした果実は健康飲料で有名に

正式名をヤエヤマアオキといい、熱帯アジアの海岸に広く分布します。熟すと独特の異臭を発し、酸味や渋みもあるため生食もされますが、多くは薬用飲料（ノニジュース）として利用されます。

アミノ酸やミネラル、ビタミンが豊富で鎮痛作用、抗菌作用、免疫効果、精神安定作用があるとされます。

根の皮から黄色、樹皮から赤色の染料が採れ、幹は黄色で細工に使われます。

Data
- 学名：*Morinda citrifolia*
- 分類：アカネ科ヤエヤマアオキ属
- 原産地：インドネシア
- 別名：アカダマノキ、ハテルマアオキ

地方名：ウコンノキ（小笠原諸島）

保存法
果実をジュースにしたもの、煮てピューレにしたものなどが多く出回る。それらはびん詰めにされていることがほとんどなので、日光に当たらないように冷暗所で保管。開封したら冷蔵庫に保存し、早めに使いきる。

海水に浮く

果実の中は空洞になっていて海水に浮くため、おもに海岸地に生育分布する。ちなみにノニはハワイ語。

熟すと白くなり、独特の芳香を放つ

ランブータン

rambutan | 紅毛丹

赤いいがぐり？中身は甘くジューシー

マレーシア原産のため、名称はマレー語で「毛のある果物」の意に由来します。赤いいがぐり状の皮の下に甘酸っぱく、ジューシーなライチにも似た白色半透明の果肉があります。

注目の栄養成分としては、骨や歯を丈夫にするカルシウムや、紫外線によるお肌のダメージを最小限に抑えるビタミンCがたっぷり。鉄分も多く含まれ、疲れやすい人の栄養補給にもぴったりです。

Data
- 学名：*Nephelium lappaceum*
- 分類：ムクロジ科ランブータン属
- 原産地：東南アジア
- 仏名：rambutan
- 別名：トゲレイシ

保存法
ビニール袋に入れて冷蔵庫の野菜室に保存。

色のあざやかなもの

毛の黒くなったものは鮮度が落ちている。しなやかで弾力のあるものを選ぶ

用途いろいろ

生食のほか、砂糖煮やジャムなどに。またタネから脂肪をとって、食用や石けんの材料などにされる。皮は簡単にむけるが、果肉がタネから離れにくいことも。

熱帯

キワノ | 角苦瓜
horned melon

エメラルドグリーンの果肉が美しい

黄橙色の皮にゴツゴツした突起があります。果肉はゼラチン質で、なかにはタネがぎっしり詰まっています。甘みはほとんどなく、プルンとした食感を楽しむという感じです。

カリウムや亜鉛、マグネシウムなどのミネラル分が豊富なので、高血圧予防などにおすすめ。また、豊富な食物繊維は腸内をきれいにして、便秘の悩みを解消してくれます。

とがった角がたくさんあるので、角メロン（＝英名 horned melon）とも。ウリ科キュウリ属できゅうりのようなさわやかな香りと味からアフリカ角きゅうりとも呼ばれる。果実を縦に割りやすくって生食する、砂糖をかけて生食、サラダ、ヨーグルト、ジュース、フルーツカクテルなどにも。

Data
- 学名：*Cucumis metuliferus*
- 分類：ウリ科キュウリ属
- 原産地：熱帯アフリカ
- 別名：ツノニガウリ、ツノメロン

保存法
常温で2週間～1か月は保存可能。トゲを折らないように注意。

食品成分表（生・可食部100gあたり）
- エネルギー　41kcal
- 水分　89.2g
- たんぱく質　1.5g
- 脂質　0.9g
- 炭水化物　8.0g
- 無機質　カリウム　170mg
- 　　　　カルシウム　10mg
- 　　　　マグネシウム　34mg
- 食物繊維総量　2.6g

トゲが折れていないもの、皮に傷がないもの

スターフルーツ | 五斂子
star fruit

料理やデザートのアクセントにも

栽培の歴史は古く、日本には18世紀に渡来し、沖縄などで栽培されてきました。正式名はゴレンシですが輪切りにすると星形なので、スターフルーツの名が定着しています。

甘みの強い甘味種は大果で生食向き、酸味の強い酸味種は小果でピクルスやジャム、砂糖漬けなどに向いています。星形がかわいいので、サラダやデザートの彩りに使うと華やかさがアップします。

生食の場合は、熟す前の少しかたいうちにサクサクの食感を楽しむとよい。煮物やゼリー、パイ、清涼飲料水に利用するほか、シュウ酸を含むので汚れ除去や薬にも用いられる。

Data
- 学名：*Averrhoa carambola*
- 分類：カタバミ科ゴレンシ属
- 原産地：熱帯アジア
- 仏名：carambole
- 独名：Karambola
- 別名：ゴレンシ

保存法
黄色く完熟したものは冷蔵庫の野菜室で保存。緑色の未熟果は常温で追熟させる。

食品成分表（生・可食部100gあたり）
- エネルギー　30kcal
- 水分　91.4g
- たんぱく質　0.7g
- 脂質　0.1g
- 炭水化物　7.5g
- 無機質　カリウム　140mg
- ビタミン　C　12mg
- 食物繊維総量　1.8g

食べごろ
濃い黄色のものが食べごろ

シワや斑点の少ないもの

熱帯

ココヤシ | 椰子
coconut palm

健康に欠かせないミネラル類がいっぱい

果実はいわゆるココナッツのこと。果実のかたいタネのなかにある未熟胚乳のココナッツジュースや、白く固まった胚乳を食べます。ココナッツジュースは低カロリーで、カリウムがたっぷり。熱帯地方の国では屋台販売もよく見かけます。

胚乳は飽和脂肪酸などの脂質が多く含まれています。鉄や銅、マンガン、マグネシウムなど健康を保つために必要なミネラル類も豊富です。

Data
学名：*Cocos nucifera*
分類：ヤシ科ココヤシ属
原産地：メラネシア（有力説）
仏名：coco

保存法
2～3℃の低温で保存する。
約1か月の日持ち。

食品成分表
（ココナッツミルク・100gあたり）

エネルギー		157kcal
水分		78.8g
たんぱく質		1.9g
脂質		16.0g
炭水化物		2.8g
無機質	カリウム	230mg
	カルシウム	5mg
	マンガン	0.59mg
食物繊維総量		0.2g

果実に重みのあるもの

鉄や銅は貧血予防、マンガンは疲労回復、高血圧予防、マグネシウムは骨や歯を強化する効果がある。

びわもどき | 枇杷擬
elephant apple

多汁多酸の果実を食用とする国も

おもに花や葉の観賞用で葉がビワの木の葉に似ていることからビワモドキという和名がつけられました。英名 elephant apple は「ゾウが好んで食べる」というのが語源だといわれています。

インド、スリランカでは食材として外側を野菜のようにカレーに入れたり、ジャム、清涼飲料、チャツネ、ピクルスを作ったりするのに使います。果汁が多く酸味が強いのが特徴です。

春夏に香りのよいモクレンのような花を咲かせる。10～15mにもなる高木で、食用果樹というよりも公園や植物園などに多く植えられ、心地よい日陰を作る。

フィリピンでは酢の代わりに果汁を使う。パナマでは砂糖とともにミキサーにかけ、「フレスコ」という飲み物にするのが一般的。

Data
学名：*Dillenia indica*
分類：ビワモドキ科ビワモドキ属
原産地：熱帯アジア
別名：ホンダバラ、ゾウノリンゴ、ディレニア

熱帯

カクタスペア
cactus pear ― 団扇仙人掌

生命力が強く、乾燥したやせ地でも生育するため、熱帯各地で野生化しているといわれる。種名の ficus indica はインディアンのいちじくという意味で、果実がいちじくに似ていることに由来する。

生命力が旺盛なメキシコ原産の果実

ウチワサボテンの果実で形はいちじくに似ており、味はすいかに似た甘さ。果肉はゼリー状で多汁、色は白、黄、橙、赤などがあります。

カクタスリーフといって、ウチワサボテンのなかでトゲのないもの、またはあってもの少ない品種は葉（茎節部）が食用とされます。豊富なミネラル類が体調不良の解消に、食物繊維が胃腸の働きをととのえてくれます。

果肉は乾燥させて利用することもある。発酵させ、アルコール飲料を作る。

Data
- 学名: *Opuntia ficus-indica*
- 分類: サボテン科ウチワサボテン属
- 原産地: 南北アメリカ
- 仏名: figue de Barbarie
- 別名: ウチワサボテン

保存法
未熟なものは常温で保存し追熟させる。熟したものはすぐに傷んでしまうので冷蔵庫に入れ、翌日までには食べきる。

- 皮がなめらかで傷みがなく、カビのないもの
- 赤みがかっているのは熟している証拠
- **食べごろ** 指でそっと押してみて、やわらかくなったら

グァバ
guava ― 蕃石榴

果実の形は品種により、卵形、球形、洋なし形などがあり、用途から生果用、加工用に分けられる。タネのない品種もある。

果肉はジュースやゼリー、葉は健康茶に

熱帯、亜熱帯地方で広く栽培されており、世界に160種以上の品種があるといわれています。日本では沖縄や奄美大島で栽培されています。熟すと香りも甘みも強くなり、ねっとりとした味わいが特徴です。

葉にポリフェノールが豊富に含まれており、近年は、グアバ茶の名で糖尿病予防や花粉症に効くとされ、関心を集めています。

タイではかたい未熟果の皮をむき、砂糖、塩、唐辛子などの香辛料をつけて食べる。

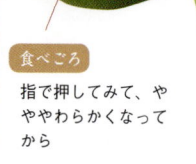

Data
- 学名: *Psidium guajava*
- 分類: フトモモ科バンジロウ属
- 原産地: 熱帯アメリカ
- 仏名: goyave
- 独名: Guaven
- 別名: バンジロー、バンザクロ

地方名: バンジルー（沖縄県）

保存法
手で触ってかたいようであれば常温で追熟させる。

食品成分表
（赤肉種・生・可食部100gあたり）
エネルギー	33kcal
水分	88.9g
たんぱく質	0.6g
脂質	0.1g
炭水化物	9.9g
ビタミン ナイアシン	0.8mg
A β-カロテン当量	600μg
C	220mg
食物繊維総量	5.1g

- きれいな丸みをおび、皮にハリがある
- **食べごろ** 指で押してみて、ややややわらかくなってから

パッションフルーツ
passion fruit — 果物時計草

熱帯

サッパリとした酸味。カロテンや葉酸がたっぷり

国内では鹿児島が産地。果実は5〜10cmの球形または楕円形で皮は平たくなめらかで緑色、熟すと濃い紫色に。品種によって、皮の色などに違いがある。

甘酸っぱいフルーツジュースとしてなじみ深い果実ですが、生食するなら半分に切り、スプーンでタネごとすくって食べてみましょう。

カロテンが豊富で老化防止や免疫力の強化などに、また高血圧予防や精神の安定に効く毛髪の健康や精神の安定に効果のあるビタミンB6も多く含みます。妊娠初期に必要な葉酸も多いので積極的に摂りたい果実です。

Data
- 学名：*Passiflora edulis*
- 分類：トケイソウ科トケイソウ属
- 原産地：南米
- 仏名：fruit de la passion
- 独名：Passionsfrucht

保存法
完熟しているものは冷蔵庫の野菜室に。未熟なものは常温で追熟させる。

食品成分表（果汁・生・可食部100gあたり）
エネルギー	67kcal
水分	82.0g
たんぱく質	0.8g
脂質	0.4g
炭水化物	16.2g
無機質　鉄	0.6mg
ビタミン　A　β-カロテン当量	1100μg
ナイアシン	1.9mg
食物繊維総量	0g

深いあずき色

食べごろ
皮にシワが寄り始めたら、熟してきた証し。皮がなめらかなうちは、まだ未熟。採れて1週間程度で腐敗が始まるので、入手後は熟した様子を見きわめ、できるだけ早く食べる

ドリアン
durian — 留連

フルーツの王様は悪魔のフルーツ

樹高は30mにも及び、果実の重さは大きいもので5kg。表面がトゲでおおわれているので成熟して落下してくると危険。栄養豊富で国王が好んで食べていたことから王様の果実、今日ではフルーツの王様と呼ばれるようになった。玉ねぎの腐ったような強烈な匂いを放つため、悪魔のフルーツとも呼ばれる。

特有の強い香りから食べるのを敬遠する人も多いですが、ねっとりとした甘い果肉は魅惑の味わいとされ、好みの分かれるところです。

栄養価はとても高く、マグネシウム、リン、銅など、体の機能をすこやかに保つために必要なミネラル類が豊富。ビタミンB群の含有量が非常に多く、疲労回復、皮膚やツメなどの再生効果が期待できます。

Data
- 学名：*Durio zibethinus*
- 分類：アオイ科ドリアン属
- 原産地：マレー半島、ボルネオ島
- 仏名：durion
- 独名：Durian

保存法
完熟のものは冷蔵庫の野菜室に。未熟なものは常温で追熟させる。カットしているものは、においがもれないよう密閉袋などに入れて冷蔵庫に。果肉だけを食べやすい大きさにカットすれば冷凍保存も可能。

食品成分表（生・可食部100gあたり）
エネルギー	140kcal
水分	66.4g
たんぱく質	2.3g
脂質	3.3g
炭水化物	27.1g
ビタミン　A　β-カロテン当量	36μg
C	31mg
E　α-トコフェロール	2.3mg
食物繊維総量	2.1g

トゲの大きさが均一で、虫くいの穴がないもの

食べごろ
お尻に割れめができてから、3〜4日後

熱帯

マンゴスチン
mangosteen ｜倒捻子

上品な甘みとさわやかな風味

マンゴーやチェリモヤとともに世界三大美果として知られています。果肉は半透明の白色でみかんのように4～8個に分かれて集まっており、トロピカルフルーツの女王にふさわしい、とろける甘さの高貴なフルーツです。ビタミンB群やマンガンをやや多く含み、とくに皮には強い抗酸化作用を持つポリフェノールの一種、キサントンが豊富でサプリメントなどに利用されています。

果肉はパパイヤ同様、たんぱく質分解酵素を含んでいるので肉料理のデザート向き。生クリームをかけて食べると美味。

食べごろ
赤紫色から濃い紫色になる

皮に水分があり、弾力がある

Data
- 学名：Garcinia mangostana
- 分類：オトギリソウ科フクギ属
- 原産地：マレー半島、スンダ列島
- 仏名：mangoustanier
- 独名：Mangostane
- 別名：マンギス、マンゴスタン、マンゴステン

保存法
しめらせたキッチンペーパーに包み、ビニール袋に入れて冷蔵庫の野菜室に。そのまま冷蔵庫に入れると果皮が乾いてかたくなり、割れてしまうことがある。

食品成分表（生・可食部100gあたり）
エネルギー	71kcal
水分	81.5g
たんぱく質	0.6g
脂質	0.2g
炭水化物	17.5g
無機質　カリウム	100mg
マンガン	0.35mg
ビタミン　B1	0.11mg
食物繊維総量	1.4g

ポポー
papaw

ねっとりと甘い森のカスタード

日本には明治30年ごろ導入されましたが観賞用として普及し、昭和初期に珍果としてブームになりました。日本各地で栽培可能です。
果実はあけびに似た楕円形でそら豆ほどのタネが入っています。皮は熟すと黄色から褐色に変わり、果肉は橙黄色のねっとりと甘いクリーム状で独特の香りがあります。生食のほか、ジャムや果実酒など加工品にも多く利用されています。

別名の由来
マンゴーとバナナをミックスしたような味わいから「森のカスタードクリーム」などといわれる。バンレイシ、チェリモヤなどの親戚すじ。

効能を研究中
新葉にはアセトゲニンという殺虫成分が含まれている。ガン細胞に対する効果も研究されている。

Data
- 学名：Asimina triloba
- 分類：バンレイシ科ポポー属
- 原産地：北アメリカ東部
- 仏名：asimine
- 別名：ポーポー、ポポ、アケビガキ

保存法
熟したらすぐに食べきる。熟す手前なら冷蔵庫で1～2週間。果肉は冷凍保存も可能。

熱帯

チェリモヤ
cherimoya

甘くてクリーミー。栄養満点のバニラアイス？

マンゴー、マンゴスチンとこのフルーツが世界三大美果。森のアイスクリームとも呼ばれるほど、白いクリーム状の果肉は糖度20度以上と甘く、かすかな酸味と上品な香りがあります。

血流をよくする働きのあるナイアシン、ビタミン、ミネラル類、たんぱく質、食物繊維などをバランスよく含んでおり、栄養価の高い美果です。

Data
- 学名：Annona cherimola
- 分類：バンレイシ科バンレイシ属
- 原産地：ペルー、エクアドル
- 仏名：anone
- 独名：Cherimolie
- 別名：アイスクリームノキ、カスタードアップル

下準備
食べる2時間ほど前に冷蔵庫で冷やす。切り口にレモンかオレンジの汁をかけておくと黒ずまない。

保存法
紙袋に入れるか新聞紙で包み、20℃前後で追熟させる。皮がデリケートなので傷をつけないように注意。短時間であれば冷蔵庫で保存できる。

食品成分表（生・可食部100gあたり）
- エネルギー　　　82kcal
- 水分　　　　　　78.1g
- たんぱく質　　　1.3g
- 脂質　　　　　　0.3g
- 炭水化物　　　　19.8g
- ビタミン　ナイアシン　0.7mg
- 　　　　　葉酸　　90μg
- 　　　　　C　　　34mg
- 食物繊維総量　　2.2g

食べごろ　皮の色が全体に暗緑色から茶褐色に変わり、少しやわらかくなる

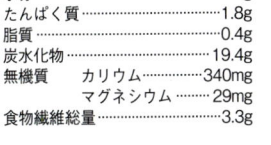

全体がふっくらして、ハリがある

別名いろいろ
アンデス山地の亜熱帯地域に原産する。名前は現地語で「冷たいタネ」を意味し、冷涼な高地に生えることにちなむ。スペインではアイスクリームの木、アメリカではカスタードアップルなど別名も多い。よく熟してから食すること。

アテモヤ
atemoya

いいとこどりの高級フルーツ

チェリモヤとバンレイシの交配種で、バンレイシ科のフルーツです。

栄養バランスがよく、とくにビタミンではアスコルビン酸、ミネラルではカリウム、マグネシウムの含有量が多く、甘みが強いわりには低カロリーで機能性に優れています。

おもに生食し、味はチェリモヤ似。パイナップルのような風味を持ったため、パイナップルシャカトウとも呼ばれます。

Data
- 学名：Annona squamosa × A.cherimola
- 分類：バンレイシ科バンレイシ属
- 原産地：アメリカ・フロリダ
- 別名：パイナップルシャカトウ

保存法
冷蔵庫に入れておくと皮が黒く変色してくるので、常温で保存。

食品成分表（生・可食部100gあたり）
- エネルギー　　　81kcal
- 水分　　　　　　77.7g
- たんぱく質　　　1.8g
- 脂質　　　　　　0.4g
- 炭水化物　　　　19.4g
- 無機質　カリウム　340mg
- 　　　　マグネシウム　29mg
- 食物繊維総量　　3.3g

💧美容効果
糖度が20〜25度と強い甘さを感じられるのにカロリーは低い、ダイエット中の方にはうれしいフルーツ。美白効果のある成分も含まれる。

食べごろ　指で押して、やわらかみを感じ始めてから2〜3日後が食べごろ

高級の理由
沖縄でも栽培されているが、栽培自体が難しく期間が12月〜翌2月と短いため、高級フルーツとして扱われる。甘み、酸味、芳香の3拍子そろうのが人気の秘密。追熟が必要。

熱帯

フェイジョア
feijoa

香りと味がパイナップル似

グァバの仲間で香りと甘みがパイナップルに似ていることから別名パイナップルグァバ。果実は鶏卵大、皮は緑色で果肉はクリーム色です。完熟した果実は多汁で甘酸っぱく、タネはありますが、小さいので取らずにそのまま生食できます。ジュース、ジャム、ゼリー、果実酒などに。花はトロピカル風で美しく、エディブルフラワーとして利用されています。

Data
- 学名：*Feijoa sellowiana*
- 分類：フトモモ科アッカ属
- 原産地：南米
- 仏名：feijoa
- 別名：パイナップルグァバ、アナナスガヤバ

保存法
冷暗所で追熟させる。熟したら短時間しか保存が利かないので、できるだけ早く食べる。

軽く握ってみて少しへこむくらいが食べごろ。キウィフルーツ同様、横半分に切りゼリー状の部分をすくって食べるのがおすすめ。

💧美容効果
ビタミンC、タンニン、ペクチンなどがあるので美肌作りや疲労回復に。

ジャックフルーツ｜波羅蜜
jackfruit

世界最大の果実はタネまで食べられる

果実は楕円形で、大きいものだと直径30cm、長さ80cm、重さは40kg以上にもなります。果肉はクリーム色で独特の芳香があり、黄色く熟すと甘くなります。未熟果は野菜として焼いたり、ゆでたりして、料理に利用され、タネも食されます。
カロテン、ビタミンC、ペクチンを含むので、老化防止、美肌効果、疲労回復の効果が期待できます。

Data
- 学名：*Artocarpus heterophllus*
- 分類：クワ科パンノキ属
- 原産地：インド
- 仏名：fruit de jaquier
- 別名：パラミツ、ボクハラ

保存法
塩漬けや砂糖漬けにしたり、乾燥させたりして保存する。

熱帯

ピタンガ pitanga ｜ 扁桜桃

甘酸っぱいフルーツ。葉や樹皮にも効能が

果実は4cmほどの大きさで、カボチャのような凹凸があります。熟果は甘酸っぱくて芳香があり、生食もできますが、未熟果はヤニ臭く、ゼリー、シャーベット、果実酒などに加工されます。

鉄分やカルシウムが豊富に含まれており、若葉はタンニンを含むため、解熱作用、整腸作用も期待される茶として利用されます。原産地ブラジルでは、樹皮を煎じて下痢止めとしても使用されています。

Data
- 学名：*Eugenia uniflora*
- 分類：フトモモ科エウゲニア属
- 原産地：ブラジル
- 仏名：cayennekirsche
- 独名：Cerise
- 別名：スリナムチェリー、ブラジリアンチェリー、タチバナアデク、カボチャアデク

オレンジ色から濃い紅色になると完熟している

和名の由来

同じフトモモ科の植物であるアデクに似ていることと、果実の大きさがタチバナに似ていることから、和名はタチバナアデクという。

生食は短期間

熱帯果樹のわりには寒さに強く、国内では沖縄などで、庭木や生け垣として利用されている。果実は日持ちしないため、生で食べられるのは家庭栽培ならではの楽しみといえる。

グラナディージャ granadilla ｜ 甘味果物時計

ほのかな甘さをタネごとツルリ

同じトケイソウ科のパッションフルーツの仲間ですが、強い酸味のあるパッションフルーツに比べるとほんのり甘く、やさしい上品な味わいです。

タネもありますが、噛んでも、そのままツルリと飲み込んでもかまわないため、手軽に食せます。

原産地は南米アンデス地方の高地で、欧米での人気が高く、南米諸国、アフリカなどでさかんに商業栽培されています。

Data
- 学名：*Passiflora ligularis*
- 分類：トケイソウ科トケイソウ属
- 原産地：アンデス地方
- 別名：パッシフローラ・リグラリス、アマミノクダモノトケイ

整腸作用のあるフルーツとされる

熱帯

ペピーノ
melon pear

メロンのような きゅうりのような…

ペルーやエクアドルに原生する低木で、ペピーノとはスペイン語できゅうりの意味です。かつてスペイン人が、自国のきゅうりに味が似ていることから命名したようです。2、3日追熟させると甘みが増します。果肉はさっぱりした甘さでメロンのような芳香があり、未熟果は料理用、成熟すると生食されます。栄養価の特徴としてはビタミンCを豊富に含みます。

生食する場合は果肉をスプーンですくって食べるのが一般的。品種によって糖度にはばらつきが見られる。糖度が低いものはサラダなどに。卵形でタネなしの品種もある。

Data
学名：*Solanum muricatum*
分類：ナス科ナス属
原産地：南米ペルー、エクアドル、コロンビアなどの高原地帯
仏名：poire-melon
独名：Pepino

保存法
未熟のものは常温で保存し、追熟させる。

食べごろ
皮の色が緑色からクリーム色に変わり、香りが高いもの

熟すと紫色の縞模様がはっきりしてくる

カニステル
egg fruit ｜ 果物卵

ジューシーではない ホクホクした食感

熟すにつれ、緑色から黄色、そしてオレンジ色に変化する10cmほどの果実で、先がとがっています。
果肉は果汁が少なめで糖度が高く、蒸しもやかぼちゃの味にたとえられます。食感がゆで卵に似ていることからエッグフルーツの別名も。
生食のほか、加工してカスタード、シャーベット、アイスクリームなどに適します。ビタミン、カロテンが豊富。

アカテツ科で近縁類似種を総称してカニステルと呼んでいる。沖縄でも栽培されており、よく見かけられるのは球形や卵形で先がとがり、皮がなめらかなもの。

Data
学名：*Pouteria campechiana*
分類：アカテツ科オオミアカテツ属
原産地：ブラジル、キューバ
別名：エッグフルーツ、クダモノタマゴ

保存法
未熟のものは常温で保存し追熟させる。完熟後は冷蔵庫か冷凍庫に。

先端にシワが入る程度追熟させるとおいしい

食べごろ
皮がやわらかくなってオレンジ色がかっているもの

熱帯

タマリンド｜朝鮮藻玉
tamarind

酸味づけの調味料、化粧品、葉茶と用途は幅広い

マメ科というのも納得の外観は褐色のそら豆のようです。熟すと果肉が少し縮んで、さやから離れます。

独特の酸味があり、清涼飲料水、ジャム、ドライフルーツ、東南アジアでは料理の調味料や薬用としてもポピュラーです。甘い品種は生食も。疲労回復効果や便秘解消など整腸作用があるといわれ、樹皮は強壮剤や解熱剤の効果もあるとされています。

Data
学名：*Tamarindus indica*
分類：マメ科タマリンド属
原産地：熱帯アフリカ、インドからアフリカにかけての乾燥地
仏名：tamarin
独名：Tamarinde
別名：チョウセンモダマ

・熟すと灰色がかった茶褐色になる
・未熟なものは酸味が強い

未熟果は緑色から赤色に変化し、完熟すると茶褐色になる。未熟果のほうが酸味は強い。その強い酸味はクエン酸などの有機酸によるもの。

タマリロ｜木立蕃茄
tamarillo

風味も香りもトマトそっくり。でも果実です

肉質、風味ともにトマトに似て、かすかな甘みと酸味があります。ツリートマトという英名がついているのも納得。そのままで、またはミルクや砂糖を加えて食されます。

活性酵素を除去し美容効果もあるビタミンCや、貧血予防に役立つ鉄分を多く含みます。ゼリー、ジャム、ピクルスや、トマト同様サラダやカレーなどの煮込み料理にも利用できます。

Data
学名：*Cyphomandra betacea*
分類：ナス科キフォマンドラ属
原産地：ペルー
別名：ツリートマト、トマトノキ

下準備
皮も食べられるが、気になる場合は湯むきを。砂糖を合わせると真っ赤に変化すると同時に、タマリロ特有のクセも緩和される。

世界の熱帯地域の高地で栽培される。南米ペルーの高地に自生するので、暑さには弱く、20℃以上になると小枝が枯れるなど生育不良になるとされる。

・少しシワがよっているくらいのものが甘い
・深みのある紅色

熱帯 アセロラ *acerola*

天然ビタミンCの宝庫。
驚異の美肌フルーツ

西インド諸島から南米にかけての熱帯アメリカが原産。ビタミンCをたっぷり含むフルーツとして、今ではすっかりなじみ深くなりましたが、日本に上陸してまだ50年ほどです。

少し凹凸のあるさくらんぼのような赤い果実は、コラーゲンの生成を助けたり、メラニン色素の生成を抑えたりする美肌効果はもちろん、免疫力強化や抗ガン作用も期待できます。

収穫後、2〜3時間で傷み始めてしまうため、生で店頭に並ぶことは少ない。ジュース、ジャム、ゼリー、飴など加工品の種類は多いので積極的に摂りたい。

皮に傷がなく、ハリ、ツヤがある

赤い果実は熟しているもの。ビタミンCは熟していない若摘みのもののほうが多く含まれる

Data
学名：*Malpighia glabra*
分類：キントラノオ科マルピギア属
原産地：熱帯アメリカ
別名：バルバドス・チェリー、ニシインドチェリー

保存法
密閉容器に入れ、冷蔵庫の野菜室に。日持ちしないので、早く食べきるか冷凍する。

食品成分表
（酸味種・生・可食部100gあたり）
エネルギー……………36kcal
水分………………………89.9g
たんぱく質………………0.7g
脂質………………………0.1g
炭水化物…………………9.0g
ビタミン　A　β-カロテン当量
　　　　　　……………370μg
　　　　　C……………1700mg
　　　　　E　α-トコフェロール
　　　　　　……………0.7mg
食物繊維総量……………1.9g

健康効果
ミネラルでは銅とカリウムに富み、脂質はほとんど含んでいないにもかかわらず脂溶性のカロテンとビタミンEが多く、不思議な果実といわれている。

パンノキ *breadfruit tree*

味わいはパンよりいも類？

クワ科の常緑高木で熱帯地方で広く栽培されています。果実にタネを持つ種と持たない種があり、持たないほうの果実には多量のでんぷんが含まれ、原産地である太平洋諸島の島民の主食となっています。蒸し焼きや丸焼き、薄切りにして焼いて食します。また、乾かして貯蔵したり、果肉を葉で包んで土に埋め発酵させたりする長期保存方法もあるようです。

ポリネシア地方の原住民がこの果実を焼いて食べているところをヨーロッパ人が見て、パンを食べていると連想したためにこの名がついたといわれている。

パンノキの雄花を乾燥させたものは、よい芳香を放つ。蚊取りの効果があるともいわれる。

Data
学名：*Artcarpus altilis*
分類：クワ科パンノキ属
原産地：ミクロネシア、ポリネシア
仏名：fruit á pain
独名：Brotfruchtbaum

保存法
火で乾かしビスケット状にして貯蔵する。

156

熱帯

サポジラ
sapodilla ─ 人心果

樹液はガムの原料。味は甘い干し柿

熱帯地域では30mの巨木になることもある木で、樹液からチクルが採れるので、チューインガムノキとも、果実の外観がじゃがいもに似ていることから、ツリーポテトとも呼ばれています。果実は直径5〜10cmの卵形や球形で皮は茶色。甘みが強く、干し柿に似た味がします。未熟果はタンニンとゴム質を含むので渋みがあります。

Data
- 学名：Achras zapota
- 分類：アカテツ科サポジラ属
- 原産地：中南米
- 仏名：nèfle d'amérique
- 独名：Westindische Mispel
- 別名：チューインガムノキ、メキシコガキ、ツリーポテト

保存法
常温で保存し、追熟させる。

食べごろ
指で押して、やわらかくなってきたら食べごろ

甘みを活かした料理の材料、ジャムやシャーベットなどに利用される。熱帯果樹のわりには耐寒性があり、品種も多い。

サラカヤシ
salak palm

ヤシの一種で生食やシロップとして活用

東南アジア各地で栽培されています。果実は5〜10cmほどのいちじく形、表面に細かなトゲが生えています。果肉はやわらかくて甘酸っぱく独特の酸味があり、生食のほか、砂糖煮にしたり、シロップを作ってアイスクリームやかき氷に利用されたりしています。
生食する場合は先のとがったほうから皮をむくと、らせん状に簡単にむけます。

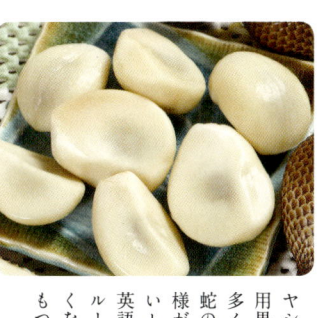

Data
- 学名：Zalacca edulis
- 分類：ヤシ科サラッカ属
- 原産地：インドネシア、マレーシア
- 別名：サラ、サラクヤシ、サラッカヤシ、アマミザラッカ

ヤシ類のなかではもっとも生食用果実としても多く利用されている。蛇のうろこのような模様があり、小さくかたいトゲもあるためか、英語圏ではスネークフルーツという、食べたくなくなるような名称ももっている。

熱帯

ミラクルフルーツ
miracle fruit

まさにミラクル。酸っぱい食べ物が甘くなる

小さな赤い果実はフルーツというより木の実のようです。果肉は白く、ミラクリンというたんぱく質が含まれています。これにより、果肉自体は甘くないのですが、食べたあとにレモンやライムなど酸味のあるもの、苦いものを食べると、甘く感じるようになります。効果の持続は個人差がありますが、約1〜2時間。糖分制限の人におすすめしたい果実といえます。

Data
- 学名：*Synsepalum dulcificum*
- 分類：アカテツ科シンセパルム属
- 原産地：西アフリカ
- 別名：ミラキュラスベリー

保存法
冷蔵庫で1週間ほど。量が多い場合は冷凍保存も可能。

食べ方
皮をむき、果肉とタネを分けるようにして、舌の上で転がす。甘味誘導持続時間は2時間ほど。

💧 **美容効果**
直接、ダイエットに機能することはないが、甘くないものを甘く思えるようになるので、ダイエット効果があるともいえる。食べすぎは逆効果。

ビリンビン 長葉五斂子
bilimbi

強い酸味が味を引き締める

インドネシアのモルッカ諸島が原産地といわれている、スターフルーツと同じゴレンシの仲間ですが、断面は星形ではなく、円形。

果実は5〜8cmの楕円形で非常に酸味があり、肉や魚といっしょに煮込んだり、カレーやピクルス、チャツネなどの味を引き締める役割を担ったりします。生の果肉を薬味としてご飯や豆に添える地域もあるようです。

約5％含まれているシュウ酸には汚れやサビを溶かす働きがあり、真鍮などの金属の汚れをとったり、磨いたり、洋服のシミ抜きやインク消しなどの利用法もある。調理の際にアルミニウムの器具を使ってはいけないといわれるゆえん。

Data
- 学名：*Averrhoa bilimbi*
- 分類：カタバミ科ゴレンシ属
- 原産地：マレー半島
- 別名：ナガバノゴレンシ

💧 **健康効果**
葉は原産地では、かゆみ止めや風邪、糖尿病、発熱、炎症の治療に用いられている。

レンブ | 蓮霧

wax apple

熱帯

シャリシャリ食感とさわやかな酸味が夏向き

国内では沖縄で栽培されている果実で、ワックスをぬったような表面の光沢が特徴です。品種によって皮の色に赤、白、緑などがあり、味も異なりますが、おおよそ淡白な味で果汁は少なめ。シャリシャリした食感が楽しめます。

甘みが足りなければ砂糖をかけて生食します。東南アジアでは、すいかのように塩をふって食べることも。

Data
学名：*Syzygium Samarangense*
分類：フトモモ科フトモモ属
原産地：マレー半島
仏名：jamelac
別名：オオフトモモ、ジャワフトモモ、ローズアップル、チョンプー

下準備
そのままでも食べられるが、塩水や砂糖水につけてから食するほうがよい。

保存法
長期保存できないので、入手後は早めに食べる。

熟すとヘソが黒みがかってくる

サントール

santol

外見はマンゴスチン似。皮はおもに食用に

色や形のほか、かたくて分厚い皮のなかに白い果肉が房状についているなど、見ためはマンゴスチンそっくりですが、味は異なり、かなり強い酸味があります。偽マンゴスチン（=false mangosteen）と呼ばれるほど。

果肉は生食しますが、量がわずかなので、通常は皮を食用として活かします。サラダやジャムで、また砂糖や唐辛子をまぜた調味料で、味をつけて食べるのが一般的です。

Data
学名：*Sandoricum koetjape*
分類：センダン科サンドリクム属
原産地：マレーシア

高さが45mにも達する高木で、葉が真っ赤に紅葉して落ちる落葉樹。

原産地と周辺国ではサントールというが、ジャワ近辺ではケチャペとも呼ばれる。

監修者

三輪正幸　みわ まさゆき

1981年岐阜県生まれ。千葉大学大学院博士前期課程自然科学研究科修了。同大学環境健康フィールド科学センター助教。専門分野は果樹園芸学。果樹栽培に関する研究のほか、家庭果樹の普及にも携わる。

〇著書・監修書
『NHK趣味の園芸　よくわかる栽培12か月　キウイフルーツ』（NHK出版）
『NHK趣味の園芸　よくわかる栽培12か月　レモン』（NHK出版）
『暮らしの実用シリーズ　決定版はじめての果樹づくり』（学研パブリッシング）

〈料理・レシピ制作〉

鈴木雅惠　すずき まさえ

スイーツ&フードコーディネーター。野菜ソムリエ。栄養士。洋菓子店での勤務後、食品コンサルタント会社で、商品開発、レシピ提案、料理教室などを行う。

からだにおいしい フルーツの便利帳

監修者　三輪正幸
発行者　高橋秀雄
発行所　株式会社 高橋書店
　　　　〒170-6014　東京都豊島区東池袋3-1-1　サンシャイン60 14階
　　　　電話　03-5957-7103

ISBN978-4-471-03396-5　©regia　Printed in Japan

定価はカバーに表示してあります。
本書および本書の付属物の内容を許可なく転載することを禁じます。また、本書および付属物の無断複写（コピー、スキャン、デジタル化等）、複製物の譲渡および配信は著作権法上での例外を除き禁止されています。

本書の内容についてのご質問は「書名、質問事項（ページ、内容）、お客様のご連絡先」を明記のうえ、郵送、FAX、ホームページお問い合わせフォームから小社へお送りください。
回答にはお時間をいただく場合がございます。また、電話によるお問い合わせ、本書の内容を超えたご質問にはお答えできませんので、ご了承ください。本書に関する正誤等の情報は、小社ホームページもご参照ください。

【内容についての問い合わせ先】
　書　面　〒170-6014　東京都豊島区東池袋3-1-1　サンシャイン60 14階　高橋書店編集部
　FAX　03-5957-7079
　メール　小社ホームページお問い合わせフォームから　（https://www.takahashishoten.co.jp/）

【不良品についての問い合わせ先】
　ページの順序間違い・抜けなど物理的欠陥がございましたら、電話03-5957-7076へお問い合わせください。
　ただし、古書店等で購入・入手された商品の交換には一切応じられません。